Direção Editorial: **Silvio Testa**

Coordenação Editorial: **Fabiana Medina**
Revisão: **Laila Guilherme** e **Carla Fortino**
Capa: **Tereza Bettinardi**
Diagramação: **Estúdio Dito e Feito**

1ª Edição: 2022
Dados Internacionais de Catalogação na Publicação (CIP)
(Angélica Ilacqua CRB-8/7057)

> Depois do fim : conversas sobre literatura e
> antropoceno / Fabiane Secches (org.). — 1ª ed. — São Paulo :
> Editora Instante, 2022
>
> ISBN 978-65-87342-29-0
>
> 1. Literatura — Ensaios 2. Meio ambiente —
> Ensaios I. Secches, Fabiane
>
> CDD B869.41
> 22-1946   CDU 82-4(82)

Índices para catálogo sistemático:
1. Literatura — Ensaios

Texto fixado conforme o Acordo Ortográfico da
Língua Portuguesa de 1990, em vigor no Brasil a partir de 2009.

www.editorainstante.com.br
facebook.com/editorainstante
instagram.com/editorainstante

Depois do fim: conversas sobre literatura e Antropoceno
é uma publicação da Editora Instante.

Este livro foi composto com as fontes Arnhem,
Druk e Graphik e impresso sobre papel Pólen Bold 90g/m²
em Gráfica Ipsis.

FSC
www.fsc.org
MISTO
Papel produzido
a partir de
fontes responsáveis
FSC® C011095

DEPOIS DO FIM

conversas sobre literatura e antropoceno

ensaios

fabiane secches
[org.]

Ana Rüsche
Aurora Bernardini
Christian Dunker
Daniel Munduruku
Fabiane Secches
Giovana Madalosso
Itamar Vieira Junior
Maria Esther Maciel
Micheliny Verunschk
Natalia Timerman
Paula Carvalho
Paulo Scott
Tulio Custódio

69 instante

APRESENTAÇÃO
UM NOVO COMEÇO
—
FABIANE SECCHES

Em 2019, a escritora polonesa Olga Tokarczuk esteve na Suécia para uma leitura especial, em comemoração ao Prêmio Nobel recebido. Na ocasião, ela leu um texto intitulado "O narrador sensível", em que conta um pouco de sua experiência como leitora, desde as primeiras narrativas ouvidas na infância, principalmente as histórias lidas ou contadas pela mãe. Fala da história de um bule desprezado pelas pessoas quando perdeu a alça e da má impressão que essa insensibilidade humana causou na menina que um dia foi. Conta ter visto uma fotografia antiga da mãe com o olhar triste e perguntado a ela depois, muitas vezes, de onde vinha aquela tristeza. A mãe respondia que era saudade da filha ainda não nascida, e assim fazia uma dobra no entendimento do tempo e do espaço.

Talvez por herança dessas conversas com a mãe, Tokarczuk hoje questione o estado preconcebido de todas as coisas, enquanto fala da importância da literatura ao possibilitar a transmissão de experiências que conectem pessoas de diferentes lugares, tempos, idiomas e culturas; é a esperança de uma ponte que pode ser construída. Celebra singularidades, mas também abre espaço para a coletividade e a experimentação: "Fico feliz ao saber que a literatura tenha mantido maravilhosamente bem o direito a todo tipo de excentricidade, fantasmagoria, provocação, paródia e loucura", diz ela.

Tokarczuk lembra que estamos conectados à comida que comemos, à roupa que vestimos, aos livros que lemos. Estamos conectados às pessoas que amamos e às que vivem do outro lado do planeta, também às que viveram ou viverão em outras épocas. Somos responsáveis por rios, oceanos, plantas, animais, por toda a gente. Somos responsáveis pelo mundo, na melhor e mais importante acepção da palavra responsabilidade. Somos responsáveis porque somos parte. "Por isso, acredito que devo escrever como se o mundo fosse uma entidade viva e única se formando constantemente diante dos nossos olhos, e como se nós fôssemos ele — uma pequena potência — uma partícula", argumenta. Por entidade única, não me parece que ela quis dizer uniforme, mas interligada.

Essa afirmação de Tokarczuk me faz pensar em Ailton Krenak, um dos principais pensadores brasileiros contemporâneos, e no poder que as palavras têm de conectar uma escritora branca, que vive na Europa Central, a um líder indígena da região do Rio Doce, no interior do Brasil: "[...] fomos nos alienando desse organismo de que somos parte, a Terra, e passamos a pensar que ele é uma coisa e nós somos outra: a Terra e a humanidade. Eu não percebo onde tem alguma coisa que não seja natureza. Tudo é natureza", diz Krenak em *Ideias para adiar o fim do mundo*.

Penso ainda em Toni Morrison, escritora negra que viveu nos Estados Unidos, também laureada com o Nobel de Literatura — em especial, na antologia de ensaios *A origem dos outros*, sobre "as possibilidades e responsabilidades da literatura". Para Morrison, o "risco de sentir empatia pelo estrangeiro é a possibilidade de se tornar estrangeiro". O exercício de alteridade se torna cada vez mais difícil num mundo que prefere espelhos. O exercício de horizontalidade, cada vez mais difícil num mundo que prefere hierarquias.

Mas Tokarczuk defende

> uma forma de olhar que mostra o mundo vivo, vivido, interconectado, cooperando e pertencente a si mesmo. A literatura é construída sobre uma ternura sensível em relação a qualquer um que não sejamos nós mesmos. [...] Graças a essa ferramenta milagrosa, o meio mais sofisticado da comunicação humana, nossa experiência pode viajar pelo tempo chegando naqueles que ainda não nasceram, mas que um dia recorrerão ao que escrevemos, às narrativas que contamos sobre nós mesmos e sobre nosso mundo.

Cada qual à sua maneira, esses autores atribuem à riqueza e à pluralidade das narrativas uma potência de antídoto contra a forma de vida globalizante da atualidade — que, na verdade, segmenta, homogeneíza, exclui.

Tokarczuk acredita que somente "a literatura é capaz de nos aproximar com mais profundidade da vida do outro, entender suas razões, compartilhar suas emoções e vivenciar seu destino". A autora exalta a potência literária em apresentar diferenças e expandir sensibilidades. Para Krenak, a "provocação sobre adiar o fim do mundo é exatamente sempre poder contar mais uma história. Se pudermos fazer isso, estaremos adiando o fim".

Pensando nisso, convidamos um grupo de autores que admiramos muito, com formações, experiências e estilos literários diferentes, para escrever ensaios que reúnam dois temas — literatura e Antropoceno — que consideramos fundamentais para adiar o fim, ou pensar em perspectivas para depois do fim. Temos aqui ensaios de Ana Rüsche, Aurora Bernardini, Christian Dunker, Daniel Munduruku, Giovana Madalosso, Itamar Vieira Junior, Maria Esther Maciel, Micheliny Verunschk, Natalia Timerman, Paula Carvalho,

Paulo Scott, Tulio Custódio — além do meu próprio, já que também participo desta coletânea como autora.

Organizar esta antologia ao lado da equipe da Instante foi uma experiência muito rica, pois a leitura de cada ensaio contribui com uma questão e uma reflexão específica, partindo de diferentes obras e contextos. Mas podemos dizer que, de forma geral, o modo de vida neoliberal, produtor de exclusões sociais, culturais e econômicas, é criticado sob diversos aspectos. A ideia otimista do humanismo, antropocêntrica, também é colocada em xeque — principalmente porque, em seu centro, sempre existiu uma ideia muito específica de quais seres humanos estariam no topo da hierarquia e fariam parte da "espécie vencedora", enquanto tantas pessoas, animais, florestas, matas, rios, lagos e oceanos são transformados em meros produtos a serem explorados num utilitarismo narcísico.

Agora queremos fazer aqui um convite a vocês, leitores: que deixem as defesas e os conceitos prévios de lado por algumas páginas, que se permitam tocar pelos textos a seguir, para que possamos pensar em conjunto. Com sorte, quem sabe possamos não apenas adiar o fim, mas aceitá-lo para então dar vida a um recomeço, estabelecido em termos mais gentis e horizontais com a nossa espécie e com as espécies companheiras, com quem dividimos a casa e a jornada, com quem podemos dividir — e multiplicar — a vida.

REFERÊNCIAS

HARAWAY, Donna. *O manifesto das espécies companheiras.* Tradução: Pê Moreira. Rio de Janeiro: Bazar do Tempo, 2021.
KRENAK, Ailton. *Ideias para adiar o fim do mundo.* São Paulo: Companhia das Letras, 2020.
MORRISON, Toni. *A origem dos outros: seis ensaios sobre racismo e literatura.* Tradução: Fernanda Abreu. São Paulo: Companhia das Letras, 2019.
TOKARCZUK, Olga. "O narrador sensível", Tradução: Alcione Nawroski. *Revista História: Debates e Tendências*, v. 20, n. 3, 2020, pp. 191-209.

QUANDO A FICÇÃO NÃO É O BASTANTE

Enchendo os pulmões e soprando com força

—

GIOVANA MADALOSSO

Em junho de 2019, acordei para um dia como todos os outros. Fiz café, peguei a xícara e me sentei na poltrona para a minha meia hora de leitura matinal. Quando me levantei, era outra pessoa. "Desastres em cascata", o texto que encontrei na revista *piauí*, mudou a minha visão sobre a vida para sempre e de forma irreversível, a ponto de, em alguns momentos, eu desejar nunca ter lido aquelas páginas. O que o jornalista David Wallace-Wells expunha não era exatamente uma novidade. O aquecimento global é estudado por cientistas há muito tempo, e, desde 1988, quando o presidente da Nasa, James Hansen, levou essa questão para o Congresso americano, a comunidade científica vem tentando alertar a sociedade para o problema com mais frequência, mas costuma fazê-lo com uma linguagem muitas vezes inacessível ou mesmo aborrecida, impedindo que o assunto avance além de círculos específicos. O texto que li, publicado originalmente na *New York Magazine*, viralizou porque teve o mérito de simplificar o assunto e torná-lo acessível ao grande público, explicando com uma boa metáfora como um efeito do aquecimento pode despertar outro e quais são os desdobramentos para cada grau que avançamos, partindo do melhor cenário, já dado por certo, de aumento de 2 °C — subida de 50 cm do nível do mar, ondas migratórias, perda de 99% dos corais, redução de 7% da produção agrícola, escassez de água, redução do PIB mundial em 13% —, até o pior cenário, 8 °C — extinção completa da vida no planeta.

De repente, o romance em que eu trabalhava na ocasião me pareceu minúsculo, irrelevante. Não existia nenhum assunto à altura daquele que, dali para a frente, pautaria todos os outros. Como uma fiel que encontrou a luz, senti que precisava pregar e converter os outros. Mas como abordar algo tão complexo e indigesto? Como usar a minha única arma, a escrita, para fazer a crise climática tocar — e não apenas isso, também mover — o maior número de pessoas?

Alguns anos antes, uma questão parecida atingia outro romancista, do outro lado do Atlântico. Aos vinte e sete anos, Jonathan Safran Foer já havia publicado dois livros de ficção muito bem-sucedidos: em 2002, *Tudo se ilumina*, romance que o tornou conhecido e rendeu uma adaptação para cinema; em 2005, *Extremamente alto e incrivelmente perto*, outro sucesso, também com adaptação cinematográfica.

E então seu filho nasceu.

Foer diz que todo autor escreve a partir de um trauma, ainda que às vezes não saiba identificá-lo. Ele parece saber identificar os seus. Aos nove anos, assistiu a uma explosão no laboratório da escola que queimou e feriu alguns de seus colegas. Na ocasião, o menino Foer já trazia dentro de si o registro ecoante de outro trauma, não exatamente seu, mas de sua avó, única sobrevivente de uma família judia ucraniana, que escapou do Holocausto e da fome, severa a ponto de deixar feridas no corpo.

Na infância, Foer frequentou a casa dessa avó, escutou diversas vezes suas histórias de privação, a testemunhou guardando todo e qualquer resto de alimento, recortando compulsivamente cupons de desconto de supermercado e estocando vinte e cinco quilos de farinha no porão — ainda que morasse sozinha. Mas o que mais tocou Foer foi uma história que ele repete, de formas variadas, em alguns de seus livros. No final da guerra, sua avó, ainda faminta e cambaleante, sem saber se sobreviveria a mais um dia, encontrou um fazendeiro russo. Ao ver o estado da moça, o fazendeiro se comoveu. Entrou em casa e voltou com um pedaço de carne, que ofereceu para ela.

Foer relata em *Comer animais* a conversa que teve com a avó a respeito:

— Ele salvou a sua vida.
— Eu não comi.
— Não comeu?
— Era porco. Eu não ia comer porco.
— Por quê?
— Como assim, por quê?
— Porque não era *kosher*, é isso?
— Claro.
— Mas nem mesmo para salvar a sua vida?
— Se nada importa, não há nada a salvar.

Foer herdou da avó não o medo de passar fome, mas os princípios subjacentes a cada escolha. Tornou-se vegetariano na adolescência e, apesar de algumas recaídas, seguiu quase sem comer carne pela vida adulta, transpondo o assunto inclusive para a sua ficção. Num trecho de *Tudo se ilumina*, uma personagem causa furor no restaurante de uma cidade pequena da Ucrânia ao pedir um prato sem carne. A garçonete não aceita o pedido e traz um prato com os nacos, que devem ser postos de lado, gerando uma situação cômica.

A leveza para abordar o tema parece se desfazer alguns anos depois, quando Foer é impactado pelo nascimento do filho, já mencionado. Como ele escreve pouco tempo mais tarde, a alimentação "me afeta de um modo que poderia ser mais facilmente esquecido ou ignorado se eu não fosse pai, filho ou neto — se, como jamais aconteceu com quem quer que já tenha vivido, eu comesse sozinho".

É a partir do lugar de pai e da convicção de que "histórias sobre comida são histórias sobre nós mesmos — nossa história de vida e nossos valores" que Foer resolve estudar o consumo de carne e seus desdobramentos éticos e ambientais, de forma a criar uma narrativa para quem o lê e, ao que parece, para si e seu filho. Como um amigo lhe disse, ao ligar para ele na maternidade, a respeito do nascimento de uma criança: tudo é possível outra vez. A frase parece ter servido como mais um estímulo para Foer, desde sempre propenso a transformações.

Antes de ser escritor, Foer trabalhou como assistente de necrotério, vendedor de joias, fazendeiro e *ghost-writer*. Formou-se em filosofia e chegou até a estudar um pouco de medicina. Como aluno de escrita literária de Joyce Carol Oates, ouviu que tinha a qualidade mais importante para escrever: energia. E, no contexto aqui discutido, tinha ainda a paternidade e a indignação, dois potentes geradores.

Como ele já sabia naquele momento, todos os anos, 450 bilhões de animais terrestres são criados apenas para serem abatidos. E, para cobrir essa imensa demanda, claro que essas galinhas, vacas, bois e outros comestíveis não são criados livres, curtindo a vida no campo, como tentam levar a crer a publicidade e a identidade visual de alguns produtos. São amontoados em espaços diminutos, colecionando feridas e espezinhando seus pares já mortos, com ração manipulada de forma cruel para que atinjam mais rápido o ponto de abate. Por isso, toda produção industrial de animais é conduzida a portas fechadas e vigiadas — e essa produção corresponde hoje a 99% do todo, com enorme impacto ambiental, causado tanto pelo desmatamento para pasto quanto pelas emissões relacionadas à ração. Era isso que Foer queria mostrar ao mundo, mas como?

Imagino Foer ninando seu bebê num apartamento no Brooklyn, caminhando pela penumbra do corredor, enquanto pensava em qual seria a melhor forma de narrar essa história. Também imagino a surpresa de seus leitores, que esperavam um terceiro romance, mas receberam *Comer animais*. Uma obra que mistura memórias, discussões filosóficas, entrevistas, dados estatísticos e até recursos visuais inesperados, como um quadrado traçado numa página dupla, para ilustrar o espaço de 432 cm² destinado a cada ave em cativeiro. Porém, ainda mais relevante do que a abundância de recursos narrativos, é a abordagem dada por Foer ao assunto. Antes de nos presentear com o banquete indigesto dos fatos, ele traz uma entrada. Um tira-gosto que procura quebrar o encanto em que estamos metidos desde que nossos antepassados já cravavam seus caninos em pedaços de carne.

Ao apresentar George, sua cadela, e contar sobre sua relação com ela, somos lançados ao mundo afetivo dos chamados "animais de estimação". Quando já estamos enlevados por nossas memórias e pelas do autor, ele estala o dedo na frente dos nossos olhos: "Eu não comeria George, porque ela é minha. Mas por que não comeria um cachorro que nunca tivesse visto antes? Ou, para entrar mais no âmago da questão, que justificativa poderia ter para poupar os cachorros, mas comer outros animais?", ainda mais considerando que "cachorros são nutritivos, fazem bem à saúde, são fáceis de cozinhar e saborosos". A isso, Foer adiciona uma receita clássica filipina de ensopado de cachorro que, para minha surpresa, soa apetitosa. E questiona: "Porcos são inteligentes e sensíveis em todos os aspectos, em todas as acepções sensatas dessas palavras. Eles não conseguem subir na traseira de um Volvo, mas conseguem ir buscar objetos, correr e brincar, ser travessos e retribuir carinho".

Ao reajustar o nosso olhar sobre os animais, Foer deixa evidente que a repulsa ao consumo de cachorros e gatos não é uma lei da natureza, mas o resultado de histórias que contamos sobre a natureza. Portanto, está nas nossas mãos inventar novas histórias. Extrapolando a frase que seu amigo lhe disse, podemos pensar que, a cada panela que colocamos no fogo, tudo é possível.

E tudo também é possível no mundo editorial: quem diria que um livro que ataca um dos maiores prazeres humanos se tornaria um best-seller da lista do *New York Times*?

Enquanto *Comer animais* fazia sucesso e virava filme, Foer rondava outra espécie: os crocodilos. As raízes judaicas, uma de suas obsessões, reaparecem nesse trabalho, em que Foer usa, como base, o livro de contos *A rua dos crocodilos*, do polonês Bruno Schulz, também judeu, morto pelos nazistas. *Tree of codes*, sem edição brasileira, foi lançado em 2010 e descrito por seu editor como uma escultura. O que Foer faz é pegar seu livro preferido, o de Schulz, e ir cortando palavras, de forma a criar — veja só — uma nova narrativa a partir da já existente.

Depois de um hiato de onze anos no gênero do romance, Foer lançou, em 2016, *Aqui estou*, que narra a crise no casamento de um casal judeu com três filhos, tendo como pano de fundo um terremoto seguido de um conflito no Oriente Médio, que ecoa na cidade onde a família vive, Washington D.C., e aumenta ainda mais a sensação já generalizada de fragilidade do núcleo. De novo, Foer cria uma narrativa para aquilo que está em seu porta-retrato, em seu prato, em suas células. Nesse mesmo período, separou-se da também escritora Nicole Krauss, com quem teve dois filhos.

E foi também por esses tempos que Foer deve ter sentido outro abalo, o mesmo que senti quando acordei para aquele inocente café na poltrona. O escritor nunca foi um novato em questões ambientais, mas é evidente que, ao escrever *Comer animais*, ele não tinha noção da gravidade da crise climática. Em algum momento, os fatos chegaram até ele e, após digerir essa pesada realidade, Jonathan foi Jonathan: resolveu reagir.

Aconteceu o mesmo com milhares de outras pessoas. Ao saber da gravidade da crise climática, Greta Thunberg entrou em depressão e ficou dois meses sem falar e comer direito, até iniciar sua já clássica greve das sextas-feiras.

Vanessa Nakate, jovem ativista ugandesa, também saiu do choque pela mesma via. Intelectuais como Naomi Klein lançaram libelos como *This Changes Everything: Capitalism vs. The Climate*. O advogado David Buckel ateou fogo ao próprio corpo para chamar atenção para a urgência do problema. Ficcionistas criaram a *climate fiction*, ou *cli-fi*, gênero cujos contos e romances são perpassados pela questão climática.

De novo, imagino Foer na penumbra do corredor, agora com o segundo filho no colo, se perguntando o que escrever diante de um cenário tão assombroso. Como iria relatar mais tarde, aqui seu desafio era maior:

> Será que o cristianismo teria se propagado se, em vez de ser crucificado, Jesus tivesse se afogado em uma banheira? O diário de Anne Frank teria sido lido por tantas pessoas se ela fosse um homem de meia-idade escondido atrás de uma despensa em vez de uma moça de beleza perturbadora escondida atrás de uma estante de livros? Até que ponto o curso da história foi influenciado pela cartola alta de Lincoln, pela tanga de Gandhi, o bigode de Hitler, a orelha de Van Gogh?

O que Foer viria a ensejar com isso é que as pessoas estão abertas a boas histórias. E como disse o biólogo Randy Olson: "O clima é possivelmente o assunto mais entediante que o mundo da ciência já teve de apresentar ao público". Acrescento: às vezes repulsivo, a ponto de mergulhar algumas pessoas em estado de negação. Ou, ainda pior, de negacionismo. Outro problema da crise climática é a falta de saídas. Nas palavras de Amitav Ghosh: "Uma crise da cultura e, portanto, da imaginação". E, num mundo em que sonhamos tão pouco, entorpecidos pelas telas, conceber novas soluções e realidades parece mesmo difícil. Mas é possível, claro que é possível. E, partindo justamente daí, Foer inicia sua nova caminhada.

O resultado saiu em 2019: *Nós somos o clima*, em que o autor se aventura de novo pelas fronteiras elásticas da não ficção, misturando memórias, discussões filosóficas, dados científicos, um diálogo consigo mesmo e até uma carta para seus filhos.

Como diz na abertura do livro, "boas histórias se tornam História", e é em seu encalço que Foer vai contando sobre um ciclista, Kyle Holtrust, atingido por um Chevrolet Camaro que o arrastou por quase dez metros. Uma testemunha que estava perto, Thomas Boyle Jr,. correu para ajudar. Boyle segurou o chassi do Camaro e levantou sua parte dianteira, mantendo o carro suspenso por 45 segundos enquanto tiravam Holtrust debaixo do automóvel. Quando lhe perguntaram como fez aquilo, Boyle Jr. não soube responder. O recorde mundial de levantamento de peso livre é de 499,8 quilos. O Camaro pesa entre 1,3 e 1,8 toneladas. Outra história: durante a Segunda Guerra Mundial, o governo americano passou a regular a gasolina e pedir que as pessoas compartilhassem as viagens de carro. Cartazes declaravam: "Quando você dirige sozinho, está dirigindo com Hitler". A população engajou-se na campanha, passando a consumir menos gasolina e menos carne, então limitada a um quilo semanal por pessoa.

O que Foer quis dizer com essas e outras tantas histórias amealhadas nesse livro? Que somos capazes. De cortar a carne, de reduzir o consumo de combustíveis fósseis ou de fazer coisas que julgamos além da nossa própria força. É com esses argumentos que o escritor abre o livro. E, só quando já estamos totalmente hipnotizados por sua narrativa, ele apresenta os números alarmantes referentes aos próximos anos e décadas num planeta em aquecimento.

Nunca soube o que Foer pensou quando caminhava com seus filhos pelo corredor — adoraria comer um hambúrguer vegano com ele e perguntar —, mas tenho quase certeza de que passou pelas mesmas questões que eu, dias depois de ter me levantado daquela poltrona.

Como romancista, deve ter se perguntado se o consumo de animais e posteriormente a crise climática dariam romances. Ou melhor, se dariam bons romances, já que todo e qualquer assunto pode gerar um. É possível que tenha imaginado uma protagonista que criasse bois ou galinhas. Ou uma família migrando para outra cidade em função de ondas de incêndio, como tem acontecido com diversas famílias californianas. A questão alimentar ou climática, no entanto, teria de surgir como um pano de fundo ou um deflagrador de dramas, já que são as minúsculas e incessantes erupções pessoais que desenham a topografia dos romances. Carregando nas tintas do cenário, acabaria resvalando na ficção científica ou *cli-fi*, território distante do seu. Colocando informações demais, correria o risco de escrever uma obra com gosto de tese. Colocando poucas, poderia produzir outro sucesso, mas pífio no sentido de chamar a atenção sobre o que queria.

A sensação que tenho é a de que Foer logo largou a ideia da ficção — se é que de fato chegou a cogitá-la. Tampouco acredito que tenha perseguido um formato muito específico. Em *Comer animais* e *Nós somos o clima*, as histórias, tão importantes para ele, parecem ter sido soberanas, no sentido de definirem a forma. E não o contrário, como acontece em algumas obras.

Outra coisa que deve ter sido levada em conta foi o tempo de produção. Estamos vivendo o colapso do Antropoceno. Como o nome não esconde, uma era marcada pela fascinação dos seres humanos por si mesmo, numa miopia narcísica que os impede de se reconhecerem como parte do todo. No esforço de dominar seu meio, as pessoas de fato distanciaram-se dele. Hoje, apenas 4% de todos os mamíferos do planeta são animais selvagens, o resto somos nós e nossos animais de criação. Não à toa, o biólogo E. O. Wilson sugeriu chamar o período atual de Eromoceno — a era da solidão. Vem desse distanciamento a ideia de que somos parte descolada da natureza, de que sempre conseguiremos resolver nossos apuros. E assim deixamos de enxergar o que urge: para segurar o aumento de temperatura em 2 °C, é preciso cortar pela metade todas as emissões de carbono do planeta até 2030.

Ora, 2030 é amanhã. Um livro que demandasse mais de uma década para ser escrito, como acontece com vários, poderia aterrissar nas mãos dos leitores quando o planeta já estivesse irremediavelmente transformado ou não houvesse mais nada ou quase nada a fazer.

Tendo atravessado essas mesmas questões, também escolhi meu caminho. Cogitei, mas logo desisti de encaixar a crise climática no romance que estava escrevendo. Fui procurar Matthew Shirts, amigo que editou durante vinte anos a revista *National Geographic* no Brasil. Com outros jornalistas e artistas, montamos a plataforma *Fervura*, que procura falar sobre o clima com uma nova linguagem, simples e bem-humorada, de modo a popularizar o assunto.

Você pode ter uma corneta e saber compor melodias agradáveis com ela, mas tem horas em que faz mais sentido apenas encher os pulmões e soprá-la com toda a força.

REFERÊNCIAS

FOER, Jonathan Safran. *Comer animais*. Tradução: Adriana Lisboa. Rio de Janeiro: Rocco, 2011.

_____. *Nós somos o clima: salvar o planeta começa no café da manhã*. Tradução: Maíra Mendes Galvão. Rio de Janeiro: Rocco, 2020.

WALLACE-WELLS, David. "Desastres em cascata", Tradução: Cássio de Arantes Leite, *piauí*, n. 153, jun. 2019.

NOTAS SOBRE A EQUIDADE

A alteridade que a experiência interespécies nos oferece

—

ITAMAR VIEIRA JUNIOR

Eu me preparava para escrever este texto, adiado por muitos compromissos que parecem se multiplicar — serão os tempos? será que sou eu que não consigo me adaptar ao mundo acelerado? —, quando li uma breve reportagem sobre Lélia Wanick Salgado, a artista, esposa e colaboradora incansável de Sebastião Salgado. Falava então da recuperação da floresta em uma fazenda herdada pela família e de todo o trabalho que uma tarefa como essa demanda. Pontuou que não se tratava apenas da reintrodução de espécies vegetais, mas da miríade de seres que retornam quando encontram um hábitat: "A água voltou, os animais voltaram. Veio jacaré, jaguatirica, pássaros. Costumo dizer que os bichos se falam entre eles, espalham a notícia. Que pretensão achar que somos os únicos com algum tipo de racionalidade, hein?". Os bichos se falam, eu sei. E se comunicam conosco e com o mundo. Quando me dei conta de que, no meio da razão antropocêntrica, havia espécies vivas como nós, com um corpo, com emoções e mesmo racionalidade, como nos recordou Salgado?

Foi em algum momento entre agosto de 1990 e fevereiro de 1991. Eu tinha onze anos e estava na casa de meus avós maternos, que assistiam à Guerra do Golfo televisionada quase em tempo real. Me recordo das imagens, das câmeras especiais que captavam a noite pontilhada de luzes verdes. "São os mísseis", meu avô me disse depois de acender um cigarro, e ele falava sobre muitas outras coisas, baseado no seu senso comum, e não numa análise apurada. A distância do tempo talvez tenha apagado de minha memória muito do dito por ele. Corta a imagem para o telejornal. Agora o foco se volta para as aves na praia cobertas de óleo, derramado pela destruição de refinarias infligida pelos agressores. Eu não sabia o que era a guerra, as aves pareciam não saber também. Elas não foram evacuadas com os civis, nem mesmo foram avisadas de que aquela era uma zona de conflito. Cobertas de óleo, não conseguiam voar. Tenho comigo a imagem dos seus olhos perplexos esperando a morte. Suas penas estavam cobertas de petróleo. "E os peixes?", quis saber. Meu avô respondeu, com os olhos na TV: "Devem estar mortos". "E não há jeito de salvar?", perguntei. Entre nós se instaurou o silêncio.

Chorei. Era provável que ninguém se importasse com os pássaros, e eu não via razão para que fossem mortos por uma guerra que não era deles. Se forem como os nossos pássaros, pensei, devem estar sofrendo. Na mesa, logo depois, era possível que uma galinha fosse servida feito guisado. Todos comeram, inclusive eu, e não se importaram se aquele animal sofreu. Se viveu, se sentiu bem. Se teve cria e com que se alimentou. Alguém tentou me explicar ao longo dos anos que a vida humana era mais importante do que a vida animal. Evocavam a religião, citavam passagens bíblicas. Ao mesmo tempo, nas aulas de ciências, ensinavam que fazíamos parte do reino animal — não éramos vegetais ou minerais —, e, assim como nós, os morcegos, as baleias, os leões e mesmo o estranho ornitorrinco eram mamíferos. Bom, temos algo em comum. Depois conheci as imagens dos organismos, os sistemas circulatório e reprodutor. Somos muito parecidos. Um coração batia em todos os vertebrados da mesma maneira que bate em nós, humanos. E se acelerava quando tinha medo e talvez relaxasse quando alimentado e seguro.

Apesar de eu ter irmãos, tínhamos hábitos diferentes. Eles amavam a rua, o esporte, o encontro com os vizinhos, as brincadeiras. Eu gostava, mas chegava à rua tarde, quando já não havia espaço para mim entre eles. Estava antes nas leituras — de papéis imprestáveis, às vezes —, ouvindo a conversa dos mais velhos na cozinha. Estava antes sonhando de olhos abertos com outro mundo que existia na minha imaginação e era feito de histórias que não tinham fim. Mesmo quando estava com eles, percebia-me com uma natureza diferente. Sem brincadeiras de lutas, sem esportes que emulavam a força bruta dos adultos. Às vezes era atraído por um viuvinha-soldado, por um lagarto, por um gato de rua. Uma gata deu cria na caixa do contador de luz, e eu voltava todos os dias com uma tigela de leite, mas os filhotes pareciam doentes. Estavam com secreções nos olhos, e um dia, quando voltei, já os tinham levado embora.

Teve também o peru de Natal, embebedado pelos vizinhos com aguardente para ser morto depois. "A carne fica mais macia", repetiam, "e ele não sentirá tanto a morte". E riam do animal desorientado, cambaleando em círculos por estar alcoolizado para ser abatido. As crianças riam também. Não me lembro do que senti, hoje gostaria de ter rido junto com os demais para que essas recordações não fossem demasiado *kitsch*. Mas a imagem desse animal violentado, ultrajado como um prisioneiro de guerra, nunca me abandonou. Permanecem vivas suas aflições, seu desespero, sua vontade de sobreviver.

Depois vieram os filhotes de galinha que ganhei em uma feira de animais e levei para o pequeno apartamento onde morava com a família. Ficavam numa caixa de papelão, onde eu os observava e alimentava e lhes fazia carinho na cabeça. Eles ou elas, nunca descobri, pareciam gostar.

Sofri também quando, semanas depois, tivemos que nos separar. E vieram os hamsters, dois, e passei a aprender uma forma de me comunicar com os animais que fosse além da linguagem que nos ensinam para estrita comunicação entre humanos. Mas tiveram vidas breves, duraram meses, e eu os pus embrulhados como se fossem presentes no canteiro de uma escola pública muito perto de casa. Mas não parou por aí. Ao longo dos anos, cães, gatos e pássaros abandonados passaram por minha casa e me deram uma vida de compreensão mútua e existência tão expandida que me fizeram questionar os dogmas que me foram transmitidos sobre a nossa superioridade enquanto espécie.

E a literatura, que por fim se apossou de meus dias, me trouxe novas leituras sobre a existência animal. É bem provável que a literatura compartilhe os sentidos de um mundo humano, mas ainda assim podemos vislumbrar, dependendo da orientação de cada autor, o mundo animal, ou, para ser mais exato, o mundo-tempo dos seres sencientes. A fronteira entre o mundo humano e o animal pode se mostrar tão fluida que é possível ler sobre os sentimentos e a subjetividade que temos em comum. E não me refiro à literatura infantojuvenil, com seus inesgotáveis exemplos imaginativos, a dar voz aos animais como personagens racionais. Refiro-me à literatura adulta de autores consagrados. Quem não se recorda de Karenin, o cão de Thomas e Teresa em *A insustentável leveza do ser,* de Milan Kundera? Todas as vezes que li o romance me detive nesse personagem e refleti sobre como a existência das personagens humanas parece encontrar algum ponto de equilíbrio de infindáveis desajustes na vida de Karenin. Ou, ainda, do grande marlim-azul que trava com o pescador Santiago um dos mais poderosos embates entre o homem e o animal já descritos na literatura ocidental, em *O velho e o mar*, de Ernest Hemingway?

A literatura tem abordado de maneira cada vez mais frequente a relação interespécies. Seja de maneira criativa e com tom fabular, como em *Relato de um gato viajante*, de

Hiro Arikawa, ou refletindo sobre as relações ético-morais estabelecidas com outras espécies, como em *O amigo*, de Sigrid Nunez. Esses são autores que refletiram em seus escritos, pontualmente, sobre a relação interespécies. Entretanto, um dos autores que tem suscitado de maneira mais duradoura reflexões sobre a ética na relação entre humanos e animais em sua obra é o escritor sul-africano John Maxwell Coetzee. Muitas das suas narrativas, como *Desonra*, *Elizabeth Costello* (incluindo o volume com dois de seus textos publicados separadamente e nomeado por aqui como *A vida dos animais*) ou *Contos morais*, dão centralidade às relações interespécies e abordam as contradições entre os direitos humanos e a parca noção que construímos do que seriam os direitos animais.

Ainda que permaneça como um escritor quase recluso, Coetzee costuma manifestar, nas raras entrevistas e declarações públicas, o que pensa sobre os direitos animais. Sua literatura reflete as convicções de seu tempo. O surgimento da personagem Elizabeth Costello, tida por muitos como seu *alter ego*, se deu em sua participação na Tanner Lectures, em Princeton, entre os anos de 1997 e 1998. Convidado a proferir uma palestra, Coetzee leu dois textos ficcionais protagonizados por sua mais conhecida personagem ("palestras dentro de palestras", segundo Amy Gutman). As narrativas em que encontramos Costello são de reflexões filosóficas radicais sobre as contradições entre natureza e cultura existentes na relação entre humanos e animais. O argumento central passa pela existência de "um crime de proporções inimagináveis" cometido por todos, incluindo os pares que a ouviam no auditório da universidade. Em *Os filósofos e os animais*, questões recorrentes da filosofia são compartilhadas e transferidas a uma esfera animal: se existe um direito animal, se há deveres humanos em relação às outras espécies, se os animais têm alma etc. Nessa palestra, Costello faz a abordagem mais polêmica de toda a sua retórica, ao comparar o morticínio animal ao Holocausto judeu. Para ela, os prisioneiros do Terceiro Reich, em especial os judeus, "marcharam como carneiros para o matadouro. 'Morreram como animais.' 'Foram mortos por açougueiros nazistas'", repete Costello, para perplexidade da plateia. E completa: "O crime do Terceiro Reich, diz a voz da acusação, foi tratar as pessoas como animais". Recorrendo a Platão, Descartes e Kant, Costello não utiliza a filosofia para corroborar positivamente suas convicções. Antes, desconstrói os argumentos filosóficos numa enfática crítica à primazia da razão sobre outras formas de elaborar a existência. Na palestra seguinte, *Os poetas e os animais*, Costello recorre ao caçador Hemingway, e a Rilke, a Blake e a Ted Hughes, para tecer uma crítica velada à incapacidade estética dos escritores de refletir sobre dimensões da vida senciente que possam estar além da existência humana.

Tanto Coetzee quanto Costello, que ressurge em *Contos morais*, e Lucy, personagem de *Desonra*, são vegetarianos. Parece-me que, mais do que um exercício de compaixão, suas escolhas despontam como um ato político contra as engrenagens de dominação, escravização e exploração animal operadas por humanos. Peter Singer, no ensaio *Libertação animal,* equipara a nossa relação com os animais ao racismo, ou seja, uma segregação baseada nas diferenças, nesse caso a diferença de espécie, por isso nomeada de especismo. A crítica é dirigida sobretudo ao modo de produção capitalista, que escraviza, tortura e assassina outros seres numa escala industrial inimaginável, para, por fim, comercializá-los como alimento e outros produtos. No centro do debate está a incompatibilidade da escala de produção da indústria pecuária com o bem-estar de qualquer espécie. Mesmo os humanos que trabalham no setor sofrem com uma das atividades mais arriscadas da esfera laboral, graças aos altos índices de acidente de trabalho, afastamento por doenças osteomusculares e desenvolvimento de problemas psiquiátricos, como a "síndrome traumática induzida ao perpetrador".

Se em *Elizabeth Costello* a discussão sobre o direito animal está no campo filosófico-histórico, em *Desonra* o tema se desloca para a vivência prática, despido das profundas reflexões da personagem-título do primeiro romance, mas nem por isso deixado à margem, já que as questões éticas e morais sobre o tema atormentam as personagens. Nesse romance, as questões recaem sobre a vida de personagens destituídas de suas comunidades, e por isso vivendo no limite da própria humanidade. Aparentemente, a um personagem que não se importa com os direitos animais até serem confrontados, o professor David Lurie. Mas, a partir do contato, ele dedica boa parte de sua existência para refletir sobre essa complexa relação. A questão animal no romance também é atravessada pela história da África do Sul, país assolado por séculos de segregação racial que culminou em grandes desigualdades e num trauma coletivo que se reflete nas dinâmicas sociais. É nesse ambiente que Lurie, destituído do emprego de professor após ser acusado de abuso, desonrado perante seus pares na universidade, se reclui à propriedade onde a filha vive, no interior do país. Lá ele passa a servir como voluntário na "Liga do Bem-Estar Animal", comandada por Bev Shaw, e se depara com a ética acerca da vida de cães e gatos abandonados e doentes que são sacrificados por terem se tornado um fardo para seus antigos tutores.

A sofisticação da abordagem de Coetzee está em aproximar as subjetividades humanas e animais, transmitindo a compreensão de que a convivência quase diária pode permitir que Lurie projete e reconheça em outros seres os sentimentos que o acometem, sobretudo a solidão, a que estaríamos todos nós, seres sencientes, humanos e animais, condenados. E é aqui que eu paro para refletir sobre as coincidências das situações, mas também as divergências de escolhas, decisões e percepções que poderiam preencher muitas páginas sobre essa relação tão antiga quanto o tempo que temos sobre a Terra.

Já voltei algumas vezes à leitura de *Desonra* por muitos motivos, desde a qualidade estética do romance, passando pelas dinâmicas de um país fraturado, mas sobretudo pelas subjetividades emanadas das personagens quando se trata da complexa relação interespécies. Paro especialmente nos últimos parágrafos, quando Lurie carrega vinte e três animais para a morte, "os velhos, os mancos, os aleijados, os mutilados, mas também os jovens, os sãos, todos que chegaram ao fim do seu período". No espaço da sala de operações onde é aplicada a solução que os levará à eutanásia, Bev e Lurie dedicam os últimos instantes a tocar, conversar, consolar, para depois sacrificar. Antes lhes dedicam atenção e afeto, algo que reconhecem nos animais e compartilham com eles. Chamam àquele ritual de confortar, antes da injeção letal, de amor.

Resta apenas um cão jovem que gosta de música e não sabe, como todos os outros, o que irá lhe ocorrer. Por um instante, Lurie vacila e imagina a decisão adiada por mais uma semana. Bev lhe pergunta se já tinham concluído a cota do dia. Ele diz que há mais um. Quando a porta se abre, desponta um cão com a parte traseira paralisada, lambendo sua face, seus lábios e sua orelha.

O cão sem nome, que gosta de música, me lembrou um dos animais com quem compartilho a vida e que por sua deficiência passei a chamar de Frida. Nos dez anos em que caminhamos juntos, me vi refletindo sobre nossa relação e os processos de humanização e animalização pelos quais passamos para que se criasse entre nós uma linguagem compreensível que nos permitisse a convivência.

Na clínica veterinária para onde eu a levei ainda filhote, depois de encontrá-la atropelada, o veterinário cogitou a opção, no dia da alta, de que, caso não me adaptasse, poderia retornar para fazer a eutanásia. Não sabia bem por que a decisão sobre a vida e a morte de outro ser deveria recair sobre mim. Ainda mais porque era um animal como qualquer outro: brincava, comia, pedia atenção. A única diferença era que Frida se movimentava, e continua a se movimentar, como uma foca, como o personagem-cão de *Desonra*. A solidão de humanos e animais que emerge no universo de

Coetzee pode ser imaginada como um sentimento universal. A reparação para os conflitos éticos, se é que é possível, será alcançada a partir da alteridade que a experiência interespécies nos oferece. E, quando se trata de alteridade, a literatura nos possibilita um intenso exercício de compreensão mútua. Pode se instaurar assim a equidade, ou seja, o senso de justiça que extrapola o campo da vida humana em busca da universalidade de direitos.

REFERÊNCIAS

COETZEE, J. M. *Desonra*. Tradução: José Rubens Siqueira. São Paulo: Companhia das Letras, 2000.

_____. *A vida dos animais*. Tradução: José Rubens Siqueira. São Paulo: Companhia das Letras, 2002.

_____. *Elizabeth Costello*. Tradução: José Rubens Siqueira. São Paulo: Companhia das Letras, 2004.

_____. *Contos morais*. Tradução: José Rubens Siqueira. São Paulo: Companhia das Letras, 2021.

SINGER, Peter. *Libertação animal*. Tradução: Marly Winckler e Marcelo Brandão Cipolla. São Paulo: WMF Martins Fontes, 2010.

LITERATURA INDÍGENA

Vozes ancestrais em novas plataformas

—

DANIEL MUNDURUKU

Não é exagero afirmar que a literatura indígena é uma realidade que hoje já se inscreve na história do Brasil como uma nova escola literária pela linguagem que utiliza, pela criatividade dos textos e pelo alcance que está conseguindo despertar entre leitores.

Vamos por partes.

O Brasil ainda possui uma diversidade cultural e linguística de fazer inveja. São 305 povos presentes em todos os estados e no Distrito Federal. Aproximadamente um milhão de pessoas que falam e defendem 274 línguas e estão em diferentes momentos de contato com a sociedade nacional. São, portanto, populações que precisam de um atendimento específico para além de uma política pública genérica e excludente.

São realidades díspares que exigem cuidado especial. Alguns desses povos têm contato secular com o Brasil, tendo enfrentado violentos processos de colonização, remanescentes de políticas de extermínio enfrentadas com coragem e determinação. Muitos desses povos foram obrigados a se abrigar em contexto urbano para ter condições mínimas de sobrevivência física. Outros povos têm contatos mais recentes e também trazem no corpo a marca da perseguição, da destruição cultural e do roubo de seus territórios ancestrais. São populações com pouco conhecimento da realidade do que hoje se chama Brasil. Alguns desses povos vivem acuados em pequenas porções territoriais sem mínimas condições de fazer seu modo de vida proliferar, salvaguardando a essência de suas tradições. Menos terra, menos vida.

Em pior situação estão os povos ou grupos que ainda não estabeleceram contato permanente com a sociedade nacional. Esses são chamados de grupos isolados por insistirem em se manter distanciados da gana ocidental. Acredita-se na existência de aproximados setenta grupos nessa condição. Ou seja, há povos inteiros — apesar de numericamente pequenos — que estão nos lembrando de que a vida que o Ocidente escolheu não lhes diz respeito. Estão, de certa forma, nos dizendo que o que é bom para os ocidentais não necessariamente é bom para eles. Isso também é resistência.

Nesse cenário diverso se inscreve a relação sempre incompreendida do Brasil com os vários povos indígenas. Não há políticas claras de atendimento a essa gente; não há cumprimento das leis que garantem seus direitos; não há projetos para que essas populações possam escolher qual o melhor caminho a seguir; não há garantias de que vão conseguir sobreviver num mundo pensado para sufocar o diferente.

Compreendendo isso, esses povos começaram a reagir. Num primeiro momento, por meio da organização política nascida nos anos 1970. Posteriormente, providenciando a formação técnica de jovens lideranças para lidar com a inovação tecnológica trazida pelo desenvolvimento. Mais tarde, com a entrada nas universidades para poderem fazer frente ao processo de destruição de suas culturas ancestrais. Mais recentemente, pelo domínio das tecnologias de comunicação e das várias plataformas que permitiram o ingresso no mundo midiático e têm culminado na reinvenção do entendimento da participação indígena na contemporaneidade.

Vale lembrar que tudo isso é parte de um processo que vem acontecendo de forma gradual e permanente, mostrando a competência dos indígenas de se adequar ao mundo moderno sem renunciar a suas ancestralidades. É importante também considerar que as perseguições contra nossa gente foram ganhando outras especificidades a partir dos interesses em desqualificar a participação indígena na sociedade nacional. Essa nova modalidade alcança seu auge na necessidade constante de explicar ser ou não ser indígena; na necessidade de justificar nossa presença nos diferentes campos de atuação; na cínica tentativa de empobrecer nossas conquistas no mundo do trabalho, das artes, da academia. É como se afirmassem que não temos o direito de estar onde estamos ou chegar aonde chegamos.

Posso ser quem você é sem deixar de ser quem sou

Não é de hoje que as pessoas questionam nossa autonomia. Desde muito, já se pensa que ser indígena e brasileiro são coisas que não combinam. Até 1988, nossa gente indígena estava fadada a deixar sua identidade ancestral para assumir a esdrúxula condição de "brasileiro". Não havia possibilidade de ser um brasileira nascido dentro de uma cultura milenar. Uma condição era a negação da outra. Foi somente a partir da nova Constituição que nossa gente conquistou o direito pleno de ser brasileira sem precisar abrir mão de sua ancestralidade. Ali nasciam os direitos indígenas e se inaugurava um tempo novo em que a juventude indígena mostraria sua competência e determinação em dominar os códigos da sociedade brasileira em combinação com seus saberes ancestrais. A partir daí as comunidades começarão a se organizar enquanto entidades jurídicas; as escolas passarão a ser presença fixa nas comunidades; o tratamento de saúde levará em consideração os conhecimentos medicinais de sábios e pajés; as universidades começarão a abrir seus portões para que estudantes indígenas façam parte do corpo discente, entre tantas outras pequenas conquistas que farão a diferença na vida de muitos jovens.

É bom que se diga, no entanto, que nem sempre essas conquistas de direitos podem ser consideradas também uma vitória para a manutenção das culturas originárias. Muito do que se conquistou tem a ver diretamente com o processo civilizatório que o Brasil impõe aos indígenas. Explico: as políticas públicas engendradas para os irmãos originários não são propostas para a manutenção da cultura tradicional, mas, quase sempre, são uma forma de submeter essas mesmas populações ao arbítrio da sociedade. O que nos é ensinado é sempre para ser usado no contexto da sociedade nacional, e nunca como ferramenta para reforçar a riqueza e a sabedoria indígenas. Basta dar uma rápida olhada no cenário que nos cerca para notarmos que essa lógica é a ponta de lança para a destruição desses povos: agronegócio, exploração mineral, exploração ambiental, falta de demarcação das terras, desprezo pelos saberes tradicionais que sempre foram alimentados por ribeirinhos, quilombolas, pescadores, mestres da nossa herança cultural. Tudo isso é sintoma de uma sociedade que não quer nossas populações como guardiãs do patrimônio imaterial e simbólico de nosso país. Para piorar a situação, jovens lideranças são cooptadas pelas autoridades políticas para negar seus direitos e apoiar a destruição de suas tradições em troca de um punhado de dinheiro, alguma fama e muito vício.

É, pois, notório que as atuais políticas são, de certa forma, o resultado de um processo que se iniciou nos anos 1970 e chega até nós com a roupagem de democracia, de conquista, de avanço. No meu entendimento, no entanto, é preciso ter alguma cautela para não sermos vítimas de uma pseudo-vitória sobre o sistema, que é muito mais esperto e possui maior capacidade de reação do que nos julgamos capazes de compreender e acompanhar.

Se olharmos com alguma atenção, vamos perceber que a Constituição de 1988 nos abriu a possibilidade de atuar na sociedade, mas ao mesmo tempo nos obrigou a vestir a camisa desta mesma sociedade, nos dando a falsa noção de conquista (e aqui não estou desprezando a luta dos nossos líderes pioneiros). O fato é que, no afã de "provar" competência, acabamos aceitando migalhas como recompensa e deixamos, num primeiro momento, de lutar por mudanças estruturais que permitiriam a manutenção da cultura originária com a necessária proteção dos repositórios de sabedoria que ainda restavam. Se no primeiro momento — logo com a abertura democrática — tivéssemos tido a clareza de que era preciso forçar a barra para a demarcação dos territórios, talvez hoje não estivéssemos vivendo o suplício do negacionismo. Mas, com o convencimento a que fomos submetidos pelo sistema político, acabamos nos contentando com aquelas conquistas tão pouco importantes e levados a aceitar esmolas do sistema.

Repito que não estou criticando as conquistas, mas refletindo sobre a estratégia usada para fazer valer os direitos adquiridos. Nessa perspectiva, vale lembrar que, desde o início dos anos 1990, o Estado brasileiro vem realizando ações para cumprir o que manda a Constituição nos artigos 231 e 232, em que trata dos direitos indígenas. Nessa direção, criou grupos de trabalho para discutir questões ligadas à educação e à saúde diferenciadas (as que mais tiveram avanços naquela década), fortaleceu a Funai (sem ter feito nenhuma reforma estrutural na instituição), criou programas de inclusão social, as cotas universitárias, aparelhou o sistema nacional de cultura (inventou editais, pontos de cultura, transferiu recursos para ações culturais, premiou mestres dos saberes tradicionais) e deu visibilidade ao patrimônio cultural brasileiro como nunca se fez antes. Isso tudo foi muito importante e necessário. No entanto, e mais uma vez, fica o questionamento sobre o que os segmentos culturais das sociedades indígenas conquistaram nesse processo. Mesmo no governo de esquerda que esteve à frente do Brasil por catorze anos ininterruptos, os avanços foram praticamente nulos. Foram dadas migalhas que logo passaram, e as mudanças estruturais não vieram. As reformas que tanto queríamos não aconteceram, e ficamos "chupando o dedo", enquanto cresciam as invasões de terra, os conflitos agrários, a falta de proteção das línguas e da valorização real dos saberes da tradição com a criação de programas de escoamento da produção artesanal indígena ou de eventos culturais com o protagonismo de nossos artistas.

Falo essas coisas sem nenhuma alegria. Compreendo a lógica que corre por detrás dessas palavras e reconheço que nada é tão simples quando se trata de um país com a longa história de apagamentos da memória como o nosso. Ainda assim, ouso dizer que nossa gente indígena soube se agrupar para não se permitir observar tudo isso com passividade e utilizou as ferramentas de que dispunha para continuar a gritar contra o sistema que oprime o modo de ser e viver indígena. Por isso, a máxima que abre esta breve reflexão pode ser utilizada hoje com o mesmo potencial que foi usado nos anos 1980 pelo movimento indígena. Sim, posso ser quem você é sem deixar de ser quem sou. Foi isso que fez surgir um novo movimento de resistência: a literatura e suas vozes.

Literatura indígena é resistência

"Posso ser quem você é sem deixar de ser quem sou" pode parecer uma frase arrogante. Não deixa de ser, na verdade. Desde sempre a sociedade brasileira foi educada para desprezar o sujeito indígena. A escola sempre foi a principal reprodutora de estereótipos, vendo-se obrigada a trabalhar a temática indígena de forma equivocada e preconceituosa. Não que não haja professores que remem contra a maré, mas a escola era obrigada a contar a história a partir do ponto de vista do conquistador, colocando as populações originárias apenas como inimigos, adversários, "selvagens". Quando muito, falava romanticamente dessas populações como o passado indesejável do Brasil. Para ironizar ainda mais sua fatídica vocação, celebra o "índio" uma vez por ano para não esquecer que aquela imagem é tudo aquilo que não desejamos ser. E, para sedimentar essa certeza, apresenta as narrativas indígenas como folclore, criando um distanciamento ainda maior entre os saberes ocidentais — queridos, desejados, almejados — e os saberes da tradição — desprezados, rebaixados, humilhados. Esse é o "tiro de misericórdia" no que poderia ser um grande encontro de tradições.

Para além disso, a frase traz um importante componente para refletirmos: temos o tempo todo que justificar nosso pertencimento a um grupo, especialmente se somos "alguém" na sociedade. A velha tática continua funcionando: desacreditar sujeitos indígenas. A ideia do "índio" atrasado, escravo do passado, continua alimentando a mente incauta de nossa gente simples brasileira. Para ela, entender que somos contemporâneos é algo absolutamente impossível, uma vez que seu "chip" mental vem configurado de fábrica. Ela não consegue se desvincular do que lhe foi ensinado, porque isso geraria uma pane — como gera em quem prefere pensar diferente — capaz de fazer estremecer o sistema. É mais cômodo ficar como está para evitar confusão. Simples assim. Triste assim.

A vaidade contida na frase diz exatamente sobre a capacidade indígena de autorregeneração. Aprender como você aprende; me vestir como você se veste; saber ler e escrever como você sabe; utilizar as mesmas ferramentas que você usa não é sinônimo de abandono da cultura, mas de competência. É sinal de que tudo isso eu posso fazer, mas não preciso, para isso, prescindir da cultura que me sustenta.

É nessa direção que penso a literatura escrita por sujeitos indígenas como resistência. Pensemos, pois.

Os primeiros escritos publicados por pessoas indígenas nem sempre são fáceis de encontrar. Muitos desses foram negligenciados ou acrescentados em escritos de pesquisadores e viajantes históricos sem a eles ser dada a importância devida, a autoria devida. Com o avanço do tempo — para além da narrativa histórica oficial —, as populações indígenas passaram também a registrar no papel um pouco de suas marcas traduzidas como desenhos, grafismos, narrativa oral e, por fim, pela própria escrita. Aproveitado por pesquisadores em geral, o registro ancestral foi sendo deixado de lado e, de certa forma, menosprezado pela academia, a menos que fosse legitimado pela voz dos seus quadros e/ou docentes.

Sem questionar o bom trabalho desenvolvido por pesquisadores, o fato é que a escrita dos saberes indígenas foi deixada de lado por longo período. A partir dos anos 1980, veio à tona com a poesia militante de Eliane Potiguara, do teatro popular de Ademário Payayá, nas entrevistas das lideranças políticas do naipe de Marcos Terena, Alvaro Tukano, Jorge Terena, Ubiraci Brasil e do inimitável Ailton Krenak. Sem esquecer, claro, do importante papel das mulheres, como a própria Eliane Potiguara, Myriam Terena, Marta Guarani, Darlene Taukane, para citar algumas da primeira hora.

Isso tudo não virava literatura, como afirmavam os grandes críticos. Eles não conseguiam vislumbrar a possibilidade de a oralidade ser, em última análise, o som das letras escritas na memória ancestral e que falar é também trazer para o agora a memória histórica dos antigos. Uma percepção como essa quebra toda a lógica linear do Ocidente, que precisa transformar saberes em produtos para o consumo. Nessa hora, vira literatura. Ainda assim, pela teimosia de muitas vozes, vários livros foram escritos como o início auspicioso de uma literatura vindoura: livros publicados de forma autônoma, por ONGs e mesmo pela Funai, para ajudar no processo de alfabetização das comunidades. Alguns com maior teor crítico, outros mais literários, recolhendo histórias da oralidade. Quem quiser saber mais sobre a história do nascedouro da literatura deve pesquisar os escritos de Julie Dorrico, Macuxi doutora em literatura pela Pontifícia

Universidade Católica do Rio Grande do Sul, ou no belo livro de Graça Graúna, também fruto de sua pesquisa de doutorado na Universidade Federal de Pernambuco.

E, apenas no início dos anos 1990, começou a surgir uma série de escritos considerados um pouco mais literários que seus precursores. Obras de Olívio Jekupé e de Kaká Werá meio que inauguram uma literatura indígena de fato. Seus escritos oferecem uma guinada na forma tradicional de conceber a oralidade indígena. É possível que seja porque a obra inicial de Jekupé é voltada para uma poesia dificilmente definida como indígena, uma vez que ele publica, por pura teimosia, um livro em que retrata a cidade onde vivia. Já os primeiros escritos de Werá são mais recheados de memórias, reflexões e saudades.

Somente na segunda metade dos anos 1990 eu lançaria meu primeiro livro, com a característica muito peculiar de ter sido escrito para crianças não indígenas. Isso criou uma "onda" que só viria a crescer nos anos seguintes, quer seja pelos encontros de escritores organizados em parceria com a Fundação Nacional do Livro Infantil e Juvenil (FNLIJ), seja pelas políticas públicas que culminaram com a aprovação da Lei 11.645/08, que garantia a inclusão da temática indígena no currículo escolar brasileiro, criando a demanda por livros de qualidade que apresentassem os povos originários para crianças e jovens. Posteriormente, os professores também foram contemplados com editais específicos para aquisição de livros informativos que os preparassem para o desafio de romper com os estigmas e estereótipos que sempre recaíram sobre nossas gentes.

Concluindo sem ser conclusivo

Para encerrar estas breves notas, lembro que a literatura indígena é hoje no Brasil uma realidade que pode ser percebida pela presença constante em catálogos de editoras, pela participação efetiva em feiras e eventos literários nacionais e internacionais e pelo crescimento do número de escritores de origem indígena. Além disso, é possível notar o real interesse da juventude originária pela literatura. Há talentos literários despontando de norte a sul, fazendo antever o surgimento de novas gerações de indígenas escritores que hão de honrar as conquistas das gerações anteriores. Eles trafegam muito bem por diferentes gêneros literários e ainda poderão inventar outros para somar com os que já existem. Disso, eu não duvido.

Lembro também que os cerca de sessenta autores que hoje fazem parte desse catálogo produtivo estão em permanente produção, aperfeiçoando sua escrita, alimentando-se com a oralidade. Isso tudo para além do bem e do mal. Ou do bem e do bem. Ou do mal e do mal.

FLORESTA É O NOME DO MUNDO

Capitaloceno e resistência na obra de Ursula K. Le Guin

—

ANA RÜSCHE

A primeira vez em que assisti, como mera espectadora, ao desmoronar do mundo ainda era menor de idade. Havia um charco, ao lado da casa de meus pais, um brejo cheio de vida. Sei que batráquios não são uma classe popular, mesmo com a propaganda sobre príncipes em contos de fada, mas o caso é que sempre gostei desses seres gosmentos — girinos, com suas caudas velozes e gelatinosas n'água, logo alteradas para pés a ganhar o solo firme; minúsculas pererecas, a saltar com imensas pernas; sapos-bois para admirar com receio ao longe; sapos-martelos, que nunca vi, mas cujo coaxar é inconfundível às batidas do meu coração.

À noite, essa reunião gosmenta e saltitante realizava seu concerto coaxante imenso no brejo, sons que embalavam meu sono e aprofundavam sonhos. Não há som maior do que um bando de batráquios a cantar a vida, acompanhados de grilos e cigarras em noites cheias de sorte no verão.

Um belo dia, os homens vieram. Com caminhões de terra e tratores. Fizeram a terraplanagem, e o brejo se foi.

Construíram ali mais uma casa de veraneio no litoral, para turistas ligarem suas caixas de som duas vezes ao ano.

O mundo daqueles animaizinhos que eu amava desmoronou em um mês. Com a terraplanagem, grande parte das noites ficou em silêncio. Ainda hoje uso no celular um toque de grilos, um estranho duplo daquele som que nunca mais escutarei.

Agora, durante a pandemia, experimentamos mais um desmoronar de mundos. Para as gentes brancas como eu, muitas vezes inédito. Os céus caem lentos, talvez tão lentos quanto o despejar de terra dos caminhões durante semanas naquele charco diante das pequenas rãs de minha infância. Perdemos as coisas aos poucos. Algumas das coisas, nem nos damos mesmo conta. Acostumamo-nos à perda devagarinho.

Talvez pelo fato de as gentes brancas finalmente sentirem o silêncio que ronda a extrema fragilidade da vida, a pauta ecológica retornou com força. Discutir os efeitos da exploração capitalista no meio ambiente passou a ser uma urgência.

Todos os dias estamos expostos às forças do planeta. Deveria ser lógico reparar na questão ecológica. Em nossa pele, o concerto dos astros dita o ritmo circadiano, impresso em nossos hormônios, sangue, humores, como marés. Entretanto, como bem descreve Davi Kopenawa em *A queda do céu*, "[os brancos] dormem sem sonhos, como machados largados no chão de uma casa". A visão capitalista a respeito da tecnologia nega o magnetismo natural, algo que Jonathan Crary resume em "a vida comum se transformou em objeto da técnica", em sua bela defesa sobre o sono, atacado pela palavra de ordem — "24/7" —, preconizando uma sociedade de produtividade incessante no capitalismo tardio, cultuando o extermínio do descanso. Exigem-se trabalhadores a postos a qualquer toque de aplicativo, apagando-se os benefícios da escuridão em cidades iluminadas, terraplanadas em asfalto, extirpando-se o sono, o sonho e os vestígios da verdade maior: nós somos o nosso próprio corpo.

E o nosso corpo não se distingue da natureza.

O desmoronamento em
Floresta é o nome do mundo

Floresta é o nome do mundo, de Ursula K. Le Guin, é um livro a respeito de um mundo que desmorona, não somente para seres humanos, mas para outras espécies. Justo quando o Brasil observava suas florestas frondosas serem aniquiladas pelo fogo ateado por homens, chegou às prateleiras das livrarias a denúncia ecológica de Le Guin, na tradução de Heci Regina Candiani, publicada pela editora Morro Branco.

Com o título original *The Word for World Is Forest*, a narrativa, com extensão de novela, foi publicada em 1972, dentro da antologia *Again, Dangerous Visions* [De novo, visões perigosas], e venceu o Prêmio Hugo em 1973, sendo lançada em livro pela Berkley/Putnam em 1976. Nessa altura, Le Guin era uma autora premiada de ficção científica. Já havia publicado, entre outras obras, *A mão esquerda da escuridão*, no qual propõe a existência de um planeta gelado em que as pessoas são ambissexuais; e *A curva do sonho*, no qual um paciente possui sucessivos sonhos que se tornam realidade, capacidade que é manipulada por seu psiquiatra em um planeta Terra sob mudanças climáticas. A obra-prima da escritora, *Os despossuídos*, foi publicada em 1974, a respeito de dois planetas, um anarcofeminista e outro capitalista. As datas são úteis para apontar o quão admirável é a produção da autora em menos de uma década.

Le Guin é filha de dois antropólogos, Theodora Kroeber e Alfred Louis Kroeber. Sua mãe foi autora de lendas dos povos originários da Califórnia e de *Ishi*, best-seller sobre a vida do último homem dos povos Yana — denúncia do genocídio de povos indígenas nos Estados Unidos, obra hoje discutida pelo olhar de Kroeber, antropóloga branca. Essa vivência parece aflorar nos temas de *Floresta é o nome do mundo*.

Na escrita da autora, há uma entrega apaixonada, mas registrada com precisão técnica. O pacifismo ante o absurdo da Guerra do Vietnã e a urgência da questão ecológica são discutidos com uso de linguística, biologia e antropologia, entre outras ciências. Conforme resume Fredric Jameson, "sem dúvida, o trabalho de Le Guin, como um todo, é enfaticamente pacifista, sendo sua novela *Floresta é o nome do mundo* uma das maiores denúncias na ficção científica sobre o genocídio no Vietnã feito pelos Estados Unidos (assim como *Dark Light-Years*, de Brian Aldiss)".

Para apresentar sua ecocrítica, a narrativa revela um planeta, denominado "floresta" por seus habitantes originários, pois para eles não havia sentido em haver uma palavra distinta para "mundo" que não fosse "floresta". "Athshe, que significava Floresta e Mundo. Assim como Terra, ou Terran, significava tanto solo como planeta, dois significados em um", escreve ela. A descrição das comunidades humanas do planeta Athshe engendra uma utopia ecológica, segundo os critérios relativos a utopias literárias de Darko Suvin — uma construção textual sobre uma comunidade específica, cuja forma literária constitui um espaço físico radicalmente diferente do que conhecemos. Instituições sociopolíticas, leis e relações individuais são organizadas de acordo com um princípio comum de equilíbrio com a natureza. Em Athshe, não se conhece a guerra, e os conflitos são resolvidos em rituais cantados. Esse mundo sofrerá o golpe fatal da colonização pela exploração madeireira.

O planeta, chamado pelos invasores terráqueos de "Colônia de Novo Taiti", recebe uma sede administrativa militarizada, Centralville, a vinte e sete anos-luz de distância da Terra. Com a aniquilação da cobertura vegetal, faixas imensas de terra erodida e desértica surgem, deixando "apenas rochas e crateras".

Ainda são escravizadas as populações locais humanas, que apresentam outra constituição física, menores e com pelos verdes nas costas, a exemplo de Selver, com "mais ou menos um metro de altura", "o pelo de suas costas estava mais para branco do que para verde" — chamados pejorativamente de *creechie* pelos terráqueos, lembrando a palavra *creature* (do inglês, criatura). Segundo os colonizadores, *"creechies* não lutavam, não matavam, não faziam guerras. Não tinham agressividade intraespecífica, ou seja, eram presas fáceis". Nem mesmo as mulheres terráqueas escapam da sina da exploração sexual, como na passagem em que um homem quer ir até Centralville "para ver com os próprios olhos as mulheres recém-chegadas. Elas não durariam muito tempo: 212 no meio de mais de mil homens".

A autora escolhe três pontos de vista masculinos para a narração. O primeiro é de Don Davidson, "um domesticador de mundos", em cuja boca caberia perfeitamente a frase *"I love the smell of napalm in the morning"* ("adoro o cheiro de napalm de manhã"), de *Apocalypse Now*, filme de Francis Ford Coppola lançado alguns anos depois do livro. Davidson é um exterminador e sente orgulho em cumprir sua missão. Le Guin dá voz aos pensamentos do genocida para expor suas convicções infantis, um profundo senso do sentir-se superior a todos os outros seres que o cercam, sendo um "euraf" racista: "alguns homens, especialmente de tipo asiatiforme e hindi, de fato nascem traidores".

O segundo ponto de vista da narrativa é de Raj Lyubov, antropólogo, muitas vezes perdido entre ordens marciais da exploração colonial e convicções a favor dos athsheanos. O último ponto de vista é de Selver, athsheano escravizado por terráqueos que liderará a resistência colonial. Ao longo da trama, o athsheano modifica-se, temperando um certo maniqueísmo da obra. Selver acabará se tornando um tradutor, não somente do idioma, mas da linguagem da guerra e do fogo trazida para seu planeta.

Uma das capacidades de athsheanos é a de sonhar em comunhão. Governados por mulheres idosas, possuem um padrão de sono policíclico (algo que os bebês terráqueos também têm) e uma ligação inata com a vasta floresta que os circunda. O sonho é algo essencial para sua organização física e mesmo social. A presença terráquea colonizadora impede que durmam a quantidade de tempo adequada, implantando o capitalismo "24/7" também em outros planetas.

A vivência saudável mostra o equilíbrio físico e mental proporcionado pelo ciclo de sono e sonhos de athsheanos. Segundo artigo de Ian Watson:

> [...] seus integrantes estão plenos no que se refere ao equilíbrio psicológico. O controle consciente dos sonhos pelos athsheanos faz com que tenham livre acesso a seus próprios processos subconscientes, não sofrendo a separação que terráqueos testemunham entre impulsos subconscientes e racionalizações conscientes.

Para os povos originários da narrativa, a palavra "sonho" significa "raiz". A palavra "tradutor", "*sha'ab*", também se apresenta como uma moeda de duas faces, significando, ainda, "deus". Em uma das passagens mais pungentes do livro, a respeito de um planeta que não conhecia a guerra, Le Guin consegue unir diferentes ideias a respeito de colonização, imposição de um idioma e ação política de resistência:

> "Falar" aquela língua é agir. Fazer algo novo. Transformar ou ser radicalmente transformado, desde a raiz. Pois a raiz é o sonho. E o tradutor é o deus. Selver trouxera uma nova palavra para a linguagem de seu povo. Ele tinha realizado uma nova ação. A palavra, a ação, assassinato. Somente um deus poderia conduzir um recém-chegado tão notável quanto a morte na travessia da ponte entre os mundos.

O futuro é a metáfora clássica para reflexões sobre o presente na ficção científica. E não há nada mais aprisionado historicamente do que imaginar o futuro em diferentes épocas. O futuro intergaláctico de Le Guin espelha seu desespero diante da irracionalidade da Guerra do Vietnã, exterminando pessoas, florestas, mundos, na lógica implacável militar. Nosso presente histórico no Brasil também nos aprisiona imaginariamente. Como se tudo se resumisse a florestas dizimadas, vidas perdidas e o autoritarismo galopando feroz.

A própria Le Guin sentiu o peso da história em seus dedos diante da máquina de escrever:

> Era como transcrever um ditado de um chefe com dor de estômago. Eu queria só escrever a respeito da floresta e do sonho, isto é, queria descrever uma espécie de ecologia interna e lidar com algumas das ideias de Hadfield e Dement a respeito da função do sonhar e do dormir, assim como da função do sonho. Mas o tal do chefe só queria saber da destruição do equilíbrio ecológico e da recusa do equilíbrio emocional.

Assim, a utopia ecológica da autora escapa-lhe pelos dedos, para nos relembrar da nossa imensa incapacidade de produzir utopias. E a urgência justamente em seguir sonhando-as uma vez mais.

Sociedades do pesadelo: o Capitaloceno

A ascensão do conservadorismo em território brasileiro e estadunidense teceu pesadelos coletivos sombrios. A partir de 2015, o *boom* das distopias retomou a leitura de obras como *1984*, em que George Orwell critica o autoritarismo e a manipulação da linguagem; *O conto da aia*, em que Margaret Atwood apresenta os efeitos do patriarcalismo radical numa versão teocrática dos Estados Unidos; *A parábola do semeador*, em que Octavia Butler retrata o abismo da distribuição de renda, violenta e racista. Nos três livros, reconhecemos realidades do Brasil contemporâneo — posturas autoritárias, manipulação da verdade, discursos "pró-vida" que nada fazem diante das vítimas da pandemia, do assassinato de pessoas negras e da fome que assola as ruas do país.

É digno de nota que, nessas três distopias futuristas, tanto o capitalismo quanto a economia de guerra seguem fortalecidos. A falta de liberdade de expressão democrática, cuja defesa está em tantas demandas nos jornais, termina por ser somente um sintoma de algo mais profundo: o Capitaloceno, cujas flores podem vir à tona vistosas, mas seu extenso corpo, subterrâneo e rizomático, permanece oculto, fortificado por dois macronutrientes sistêmicos — a exploração pelo lucro e a guerra.

A respeito da nomenclatura, se iremos denominar essa Era do Desastre de Antropoceno ou Capitaloceno, gosto da opinião de Eileen Crist, pesquisadora acadêmica sobre Estudos Animais:

> O discurso sobre o Antropoceno apresenta-nos um autorretrato de Prometeu: uma espécie engenhosa, embora indisciplinada, a qual se distingue de todas as outras formas de vida, ascendendo tanto que recebe uma designação à parte (*antropos* significa "homem", subentendendo "não animal").

Utilizar um termo que literalmente significa a "Era do Homem" não descreve de maneira justa a medida da catástrofe, pois termina por soar glorioso.

Por outro lado, o termo Capitaloceno indica justamente a lógica em prol do lucro — "a Terra não está sendo dilacerada porque os espoliadores são estúpidos ou irracionais ou ainda por cometerem erros ou possuírem dados insuficientes", lembra China Miéville, apontando que não nos enganemos com lágrimas de CEOs, se a racionalidade sistêmica reforça o lucro acima de todas as formas de vida. Há que responsabilizar responsáveis, cuja concentração de renda é maléfica — segundo a Oxfam, a riqueza dos dez homens mais ricos aumentou, durante a pandemia, em 540 bilhões de dólares, quantia suficiente para pagar a imunização de 7,5 bilhões de pessoas. Assim, o estado de coisas, antes de tudo, é uma escolha dessa nova perversa aristocracia global.

Apesar da crítica formidável dos pesadelos sociais de Atwood, Butler e Orwell, a insistência menos cuidadosa em um imaginário pessimista a respeito do futuro esconde uma armadilha. No alerta de Susan Sontag, outro efeito que "a fantasia pode causar é normalizar o que é psicologicamente insuportável, fazendo com que nos habituemos a isso". O retrato de um futuro pior, sem soluções para o que vivenciamos hoje, ressoa com os desejos mais sistêmicos — o de transformar a própria representação do futuro em um exercício de cinismo, no qual a postura sádica se torna a sábia, no qual o niilismo nos mantém reféns de uma imaginação histórica limitada, a velha ideologia thatcherista do *"there is no alternative"*, não há alternativa senão aprofundar políticas neoliberais.

A postura resignada perante o futuro pode abrir flancos para se aceitar a distopia como prolongamento racional do que assistimos, ecoando a frase anônima, agora um clichê de palestra, atribuída a tantos pensadores, de Fredric Jameson a Slavoj Žižek, "é mais fácil imaginar o fim do mundo do que o fim do capitalismo". Precisamos de sonhos maiores, mesmo que se desmanchem pela manhã.

Isolada em casa, quando o sol se põe deslumbrante entre os prédios, é comum pensar na Ursula. Imagino seus dedos digitando a máquina de escrever para calar as metralhadoras em todas as florestas do mundo. Durante a pandemia, minha casa é uma nave, me transportando em direção ao futuro arrastado dos dias. Muitas vezes, me lembro da voz firme dessa anciã e me encho de lágrimas:

> Vivemos no capitalismo e seu poder parece ser inescapável. Mas assim também se parecia o direito divino dos reis. Todo poder humano é passível de resistência e mudança por seres humanos. Resistência e mudança muitas vezes começam na arte. Muitas vezes, em nossa arte, a arte das palavras.

O celular pode tocar com seu barulho estranho de grilos e não atenderei. Espero ficar completamente imersa no escuro da sala, encharcada de noite, aguardando até que o coração se torne o próprio coaxar do sapo-martelo, para que outros mundos e sonhos possam então despontar para segurar o céu.

REFERÊNCIAS

CRARY, Jonathan. *24/7: capitalismo tardio e os fins do sono*. Tradução: Joaquim Toledo Júnior. São Paulo: Ubu, 2016.

CRIST, Eileen. "On the Poverty of Our Nomenclature", *Environmental Humanities*, v. 3, n. 1, 2013, pp. 129-47.

HARAWAY, Donna. *Staying with the Trouble: Making Kin in the Chthulucene*. Durham: Duke University Press Books, 2016.

JAMESON, Fredric. *Archaeologies of the Future: The Desire Called Utopia and Other Science Fictions*. Londres: Verso, 2005.

KOPENAWA, Davi & ALBERT, Bruce. *A queda do céu: palavras de um xamã yanomami*. Tradução: Beatriz Perroni-Moisés. São Paulo: Companhia das Letras, 2015.

LE GUIN, Ursula. *Floresta é o nome do mundo*. Tradução: Heci Regina Candiani. São Paulo: Morro Branco, 2020.

MIÉVILLE, China. "The Limits of Utopia", *Climate & Capitalism*, 2 mar. 2018.

SALVAGE EDITORIAL COLLECTIVE. "The Tragedy of the Worker: Towards the Proletarocene", *Salvage*, 31 jan. 2020.

SONTAG, Susan. "The Imagination of Disaster". *In*: LATHAM, Rob (org.). *Science Fiction Criticism: An Anthology of Essential Writings*. Nova York: Bloomsbury, 2017.

SUVIN, Darko. *Metamorphoses of Science Fiction: On the Poetics and History of a Literary Genre*. New Haven/Londres: Yale University Press, 1979.

WATSON, Ian. "The Forest as Metaphor for Mind: 'The Word for World is Forest' and 'Vaster Than Empires and More Slow'", *Science Fiction Studies*, v. 2, n. 7, nov. 1975.

"O DESERTO INVADE PARIS"

A busca pelo "Oriente"
no romance *Bússola*

—

PAULA CARVALHO

> "No deserto, veja você, tem tudo e tem nada. É Deus,
> sem os homens."
>
> Balzac, *Une passion dans le désert*

> "Deserto, pureza, fogo, ar, calor, vento, espaço, sol,
> deserto, deserto, deserto, deserto, deserto."
>
> Robyn Davidson, *Trilhas*

Se um texto pudesse reproduzir acordes musicais, começa-
ria com os de *Le désert*, a ode-sinfonia do francês Félicien
David. Nessa peça em três atos, formada por uma série
de movimentos sinfônicos e números vocais, ligados por
uma narração em versos recitados, evoca-se a passagem
de uma caravana pelo deserto de um país "oriental" não
identificado, desde a excitação do momento da saída —
seguindo a ondulação das dunas —, passando por uma
tempestade, até terminar com o nascimento de um novo

dia, embalado pelo canto do muezim (o encarregado na fé islâmica de anunciar o momento das cinco preces diárias), marcando a retomada da jornada.

O deserto, então, fica "sozinho", como descreveu o compositor Berlioz, no *Journal des Débats* em dezembro de 1844, alguns dias depois da estreia da composição. Foi quando o deserto invadiu Paris, como descreve o personagem do musicólogo orientalista Franz Ritter no romance *Bússola*, de Mathias Enard, que rememora ao longo de uma noite sua relação com Sarah, outra orientalista por quem é apaixonado, em meio a um sem-fim de referências de contatos entre "Oriente" e "Ocidente".

Outras composições do período romântico se seguiriam a *Le désert*, dando continuidade à influência da moda orientalista exotizante na música europeia, advinda da literatura e das artes plásticas. No entanto, o personagem Franz defende a tese de que o contato com o "Oriente" por parte de artistas, escritores e compositores europeus revolucionou a arte, as letras e sobretudo a música da Europa. Na sua visão, a revolução na música nos séculos XIX e XX

> [...] devia tudo ao Oriente, que não se tratava "de processos exóticos" como se acreditava antes, mas que o exotismo tinha um sentido, que ele fazia entrar elementos externos e alteridade, que se trata de um amplo movimento, que reúne entre outros Mozart, Beethoven, Schubert, Liszt, Berlioz, Bizet, Rimsky-Korsakov, Debussy, Bartók, Hindemith, Schönberg, Szymanowski.

A busca por esse exotismo não se restringe às paisagens orientais, uma vez que as florestas brasileiras também fizeram parte desse movimento. O próprio David compôs a ópera *A pérola do Brasil*, encenada pela primeira vez em 1851, ambientando-a em um Brasil imaginário, com representações fantasiosas de personagens indígenas — a exemplo da jovem Zora (a "pérola do Brasil").

Odilon Nogueira Matos escreve sobre a ópera:

A comparsaria é imensa: nobres da corte, marinheiros, soldados indígenas. Não podiam faltar certas cenas típicas de óperas dessa natureza: baile do palácio real, festa de marinheiros, tempestade em alto-mar, naufrágio, salvamento na praia, bailados indígenas e as costumeiras cenas de floresta com os cantos de pássaros, uivos de animais ferozes, espreita de inimigos, ataques iminentes de adversários etc.

O deserto e a floresta são nesse imaginário europeu, de alguma forma, equivalentes, por representarem não só o exótico, mas uma alteridade considerada radical em relação aos povos europeus. Os habitantes originários dessas paisagens — clãs beduínos ou de outras populações nômades na aridez do deserto, comunidades indígenas que habitam não só a floresta, mas todo o território do continente americano — são representados até hoje ou como "bons selvagens", ou como "bárbaros" que precisam ser "civilizados", ou ainda exterminados por serem vistos como um obstáculo ao progresso. E o deserto não é exclusivo do chamado "Oriente", categoria geográfico-cultural imaginária altamente arbitrária, até hoje de definição confusa, criada em oposição a um "Ocidente" também de delimitações bastante fluidas.

Na Austrália, considerada de alguma forma "ocidental", chegou-se a importar camelos para "compor" com a paisagem desértica do centro do seu território, seguindo o gosto do turista urbanizado em busca de aventuras "orientais" no *outback* australiano, que é, na realidade, habitado por populações aborígines que foram historicamente assassinadas e excluídas (esse cenário é descrito por Robyn Davidson no livro de viagem *Trilhas*). Na América do Sul, populações indígenas ainda habitam regiões do deserto do Atacama, dentro das fronteiras do Chile e da Argentina. Aliás, um período terrível da história deste último país foi batizado de "Conquista do Deserto", uma campanha militar realizada entre 1878 e 1885, liderada pelo general Roca, para tomar grandes extensões de terra de populações indígenas, o que levou a um grande número de homicídios no que hoje muitos afirmam ter sido um projeto genocida e/ou etnocida.

Como se vê, o deserto, ao contrário do que o significado do termo no dicionário pode inferir, não é exatamente "vazio", "lugar desabitado, pouco frequentado". Humanos e outros seres vivos vivem ali. Essa imagem é também representada pelo famigerado "mapa em branco", *leitmotiv* de várias narrativas coloniais. O escritor Joseph Conrad dizia que, quando criança, sonhava em visitar os "pontos vazios" que encontrava nos mapas que representavam o continente africano — eram espaços onde poderia "encenar fantasias imperiais" com vistas a preencher esse "vazio" com inscrições de conhecimento geográfico e de possessão colonial.

Segundo Ella Shohat e Robert Stam, "a aura de cientificismo criada por imagens de mapas e globos também ajudou a legitimar as narrativas coloniais", uma vez que a ciência da geografia que estava então em formação acabava por refletir-se em narrativas de viagem e na ficção dos exploradores, que giravam em torno do "desenho ou do deciframento de um mapa" e da "autenticação desse mapa através do contato com a terra 'recém-descoberta'". Em outras palavras, "a inscrição cartográfica europeia, com a chancela da bússola, determinou o prestígio e a importância dos lugares", sendo que os títulos e as legendas dos mapas, assim como os desenhos de lugares e personagens, narravam a "história completa da transformação do desconhecido em conhecido".

Nesse contexto, a imagem do "mapa em branco" parece, portanto, dar o aval para que os que vêm de fora tomem para si lugares que são representados nos mapas como um grande vazio, como se não houvesse nada nesses espaços. A "luta pela geografia", nas palavras de Edward Said, "não se restringe a soldados e canhões", mas também abrange o campo das representações.

Said escreve:

Tudo na história humana tem suas raízes na terra, o que significa que devemos pensar sobre a habitação, mas significa também que as pessoas pensaram em *ter* mais territórios e, portanto, precisaram fazer algo em relação aos habitantes nativos. Num nível muito básico, o imperialismo significa pensar, colonizar, controlar terras que não são nossas, que estão distantes, que são possuídas e habitadas por outros. Por inúmeras razões, elas atraem algumas pessoas e muitas vezes trazem uma miséria indescritível para as outras.

Essa concepção de mundo, portanto, vê o ser humano como apartado da natureza, vista como um entrave ao progresso (outra categoria altamente arbitrária) e que deve ser controlada e tornada produtiva, inserindo-a no modo de produção capitalista. O próprio imaginário desse deserto como "deserto", como uma falta que precisa ser preenchida, não passa de uma miragem.

O deserto também acaba se tornando um local privilegiado para preencher o "deserto" interior, o vazio existencial sentido por muitas pessoas (urbanizadas) desencantadas com a vida "moderna" que levam. É no deserto que finalmente o ser humano sentiria o peso da sua pequenez diante da imensidão sublime, é no deserto que se daria a busca pelo Encantamento, de se fazer Um com a natureza e — por que não? — com o divino. O que também não deixa de ser outra criação do imaginário europeu.

O deserto "real" não tem nada a ver com o imaginado, pelo menos na Síria, conforme descrito por Franz:

> É preciso dizer que na Síria "deserto" era um nome absolutamente usurpado, havia gente até nas regiões mais recuadas, nômades ou soldados, e bastava que uma mulher parasse para urinar atrás de um montículo na beira da estrada para que logo um beduíno desse o ar da graça e observasse com ar indiferente o traseiro leitoso da ocidental apavorada, no caso, o de Sarah [...] refeita do pavor, ela nos explicou, rindo

às gargalhadas, que um *keffiyeh* [tradicional lenço quadrado dobrado e usado em volta da cabeça pelos homens no Oriente Médio] vermelho e branco tinha aparecido atrás de uma pedra, e que debaixo do *keffiyeh* havia um nômade bronzeado, em pé, braços cruzados, rosto inexpressivo, observando calado o que para ele também devia ser uma aparição estranha, uma mulher desconhecida agachada no seu deserto.

O personagem Bilger, arqueólogo que depois se perdeu na loucura, acrescenta, logo em seguida, em tom jocoso (mas verdadeiro): "Essa região é habitada desde o terceiro milênio antes de Cristo, você acaba de ter a prova disso". Ainda que essa observação possa visibilizar os habitantes dessa área, implicitamente está a ideia — que se perpetua até hoje — da imobilidade e da eternidade do deserto e de suas populações, populações essas que só "entraram para a história" e passaram a sofrer mudanças a partir do contato com os europeus, adentrando a "modernidade". As demais relações com outras civilizações (principalmente a islâmica) e as trocas entre os clãs e com a política local são completamente apagadas. Bilger representa como o conhecimento científico andou lado a lado com a empresa colonial europeia no Oriente Médio, tanto que ele mesmo destaca que arqueólogos, antropólogos, etnólogos, viajantes etc. ainda eram vistos, em tempos atuais, por alguns grupos como espiões das potências europeias — afinal, o deserto estava ali, também, para ser conquistado.

No romance, ele chega a elencar alguns desses exploradores, ao mesmo tempo que não deixara de sonhar com o deserto:

> Com a garrafa na mão, como era seu hábito, [Bilger] deu sua contribuição ao deserto, como ele dizia, nos falando dos arqueólogos e botânicos que tinham contribuído para a exploração da Arábia misteriosa. [...] Lançou-se em seguida numa complicada história da Arábia da qual não guardei muita

coisa, a não ser os nomes do suíço Burckhardt, dos ingleses Doughty e Palgrave, do francês Huber e do alemão Euting — sem esquecer os incontornáveis do deserto, Richard Burton, o homem das mil vidas, e os esposos Blunt, incorrigíveis hipófilos que trilharam as areias em busca dos mais velozes cavalos cuja raça em seguida eles criaram, o nobre stud árabe, em seu haras em Sussex — Anne Blunt, aliás, era para mim a mais simpática de todo esse monte de exploradores, pois era violinista e possuía nada menos do que um Stradivarius. Um Stradivarius no deserto.

O deserto era "o lugar da iluminação assim como do desemparo, onde Deus se mostrava também pela ausência, por seus contornos", comenta ele sobre a relação dos primos Alois (o "Lawrence da Morávia") e Robert Musil (autor de *O homem sem qualidades*) com essa paisagem. Para Franz, no entanto, a resposta não estava no deserto.

Em *Bússola*, o contraponto de Franz é Sarah, que coleciona histórias e figuras curiosas advindas do contato "Oriente-Ocidente", como o escritor iraniano Sadeq Hedayat (que se suicidou em Paris, em 1951, antes de ver na França o sucesso do seu livro *O mocho cego*, que havia sido censurado pelo governo persa); como *Dom Quixote* foi o primeiro romance árabe e o primeiro romance europeu (Cervantes o atribui a Sayyid Hamid Ibn al-Ayyil, assinando como Cide Hamete Benengeli); e principalmente relatos de viajantes europeias que buscavam a si mesmas na alteridade dos nômades e do deserto: Isabelle Eberhardt, Annemarie Schwarzenbach, Marga d'Andurain, Lady Hester Stanhope, Lady Jane Digby e Jane Dieulafoy.

Sarah, de origem judaica e que era fascinada pela ascese, pelo budismo e pela meditação, vai seguir por esse caminho para se perder na alteridade do deserto, do "Oriente". Dali, ela se dirige para uma alteridade radical, a floresta do Sarawak, na Malásia, onde escreve um artigo sobre os Berawans e seu ritual fúnebre, em que bebem o "vinho dos mortos", um canibalismo simbólico no qual consomem o que restou de algum finado ente querido, fazendo com que este retorne para o corpo físico dos membros do grupo. Sarah vai se deslocando cada vez para o leste como uma fuga da dor causada pela morte do irmão — o "Oriente" como refúgio. Como para Goethe, "o Oriente era o oposto da morte; olhar para o leste é desviar os olhos da Foice. Fugir. Na poesia de Saadi e de Hafez, no Corão, na Índia longínqua; o *Wanderer* marcha rumo à vida".

Franz logo compreende esse *modus operandi*, comparando-a a Annemarie Schwarzenbach, fotógrafa e escritora suíça lésbica que também foi se refugiar no Oriente antes de morrer de modo trágico em um acidente de bicicleta aos 34 anos:

> [...] eu podia entrever, ou acreditava entrever, uma das questões fundamentais que não só estavam subentendidas na obra de Sarah como tornavam tão cativantes os textos de Annemarie Schwarzenbach — o Oriente como resiliência, como busca da cura de um mal obscuro, de uma angústia profunda. Uma busca psicológica. Uma pesquisa mística sem Deus, sem outra transcendência além do mais profundo de si mesmo, procura que, no caso de Schwarzenbach, resultava num triste malogro.

A busca pelo deserto real, pelo "Oriente" *real*, no fundo, entra em conflito com as próprias expectativas que os personagens têm em relação a isso:

> Nós mesmos, no deserto, na tenda dos beduínos, e diante da realidade mais tangível da vida nômade, esbarrávamos em nossas próprias representações, que interferiam, por suas expectativas, na possibilidade da experiência dessa vida que não era a nossa; [...] o exotismo de sua condição nos impedia de entender, com certeza, sua visão da existência, da mesma maneira que eles nos viam, com nossa mulher de cabelos soltos, nosso 4x4 e nosso árabe rudimentar, como idiotas

originais, cujo dinheiro, e talvez cujo carro, eles invejassem, mas não o saber nem a inteligência, nem sequer a técnica: o velho xeique nos conta que os últimos ocidentais que acolhera, europeus sem nenhuma dúvida, tinham chegado de trailer, e que o horrível rom-rom de seu gerador (para a geladeira, imagino) o impedira de dormir a noite toda.

O contato é, portanto, superficial, para dizer o mínimo. Pois eles, como viajantes, continuam fechados dentro deles mesmos. "'Desconfie das histórias dos viajantes'", diz Saadi no *Golestân*. "Eles não veem nada. Acreditam ver, mas só observam os reflexos. Somos prisioneiros das imagens, das representações, diria Sarah, e só aqueles que, como ela ou o vendedor, optam por se desfazer da sua vida (se tal coisa é realmente possível) conseguem chegar ao outro". Apesar disso, o contato sempre é possível, pois só assim nos daremos conta de que "sempre há algo do outro entre nós", como escreve Sarah a Franz.

REFERÊNCIAS

ENARD, Mathias. *Bússola*. Tradução: Rosa Freire d'Aguiar. São Paulo: Todavia, 2018.

MATOS, Odilon Nogueira. "Félicien David e 'A Pérola do Brasil'", *Revista de História*, v. 7, n. 15, 1953, pp. 187-94.

RAMOS, Alcida Rita. "Indigenismo: um orientalismo americano", *Anuário Antropológico*, Brasília, v. 2.011, n. 1, jul. 2012, pp. 27-48.

ROY, Parama. "Oriental Exhibits: Englishmen and Natives in Burtons's Personal Narrative of a Pilgrimage to Al-Madinah & Meccah", *Boundary 2*, v. 22, n. 1, 1995, pp. 185-210.

SAID, Edward. *Cultura e imperialismo*. Tradução: Denise Bottmann. São Paulo: Companhia das Letras, 2011.

SHOHAT, Ella & STAM, Robert. *Crítica da imagem eurocêntrica: multiculturalismo e representação*. Tradução: Marcos Soares. São Paulo: Cosac Naify, 2006.

ESTRANGEIROS EM NOSSA PRÓPRIA MORADA

Batatas para todos ou para ninguém

—

CHRISTIAN DUNKER

Antropoceno é um conceito associado com a invenção da máquina a vapor por James Watt, em 1784, referindo-se, conforme o critério adotado, às alterações climáticas, geológicas e atmosféricas produzidas pela ação do ser humano. Apesar de atribuído ao químico Paul Crutzen, na década de 1980, o termo na verdade coloca um problema essencial de datação retrospectiva e determinação do ponto de viragem de um estado para outro. É possível que o primeiro pensador europeu do Antropoceno tenha sido o naturalista e geógrafo viajante Alexander Humboldt, que viveu entre 1769 e 1859. Ele e seu irmão linguista e estadista, Wilhelm Humboldt, representam a face bífida de reflexão sobre o Antropoceno; o segundo correspondendo à sua face política. Coordenador do Congresso de Viena, que delineou as fronteiras da Europa após a derrota de Napoleão, Wilhelm inaugura a reflexão crítica sobre o que significam fronteiras, chegando, afinal, a defender a tese da liberdade e do direito dos rios, que, uma vez tornados marcadores da passagem geopolítica das nações, não poderiam pertencer nem a um, nem a outro domínio. Os irmãos Humboldt foram educados no castelo de Tegel, nas cercanias de Berlim, no mais puro universalismo clássico do despotismo esclarecido prussiano.

Alexander, tendo uma formação itinerante, passando por Frankfurt, Heidelberg, Götingen e Hamburgo, conhecia muitos domínios e escrevia sobre geologia e mineralogia, assim como sobre espécimes vegetais, colaborando na matemática com D'Alembert, na física com Gay-Lussac e na filosofia com Goethe e Schiller. Quando Carlos IV, rei de Espanha, autoriza uma viagem mundial através de seus domínios, ele emprega metade de sua fortuna para compor o quadro da caravana. Em 1799, zarpa de La Corunha rumo à costa da Venezuela onde, durante um ano e meio, pesquisa a foz do rio Orenoco e sua conexão com o Amazonas. Nesse ponto, foi fortemente repelido pela Corte portuguesa. Nascia ali a atitude de protecionismo decorrente de dois mitos gêmeos: o de que a Amazônia é um território vazio e desabitado, por isso é preciso levar gente para lá ou então ocupar militarmente a região, bem como a ideia de que potências estrangeiras estão sempre a cobiçar o que lá existe como riqueza potencial. Dois mitos que se alimentam da recusa em saber o que lá existe, o veto ou o desestímulo à pesquisa e à investigação, que nos colocou de fora da rota reflexiva sobre o Antropoceno.

Alexander Humboldt diagnosticou a degradação do lago venezuelano conexo ao Orenoco como uma das primeiras tragédias ambientais previstas no Ocidente. Ele esteve em Cuba em 1827, antes de passar por Bogotá, Quito, Cartagena, Lima e Guaiaquil, chegando a Acapulco. Escutou de Simon Bolívar que havia feito mais pela América do que todos os conquistadores. Observando a constância e a correlação entre a vegetação e a altura das montanhas, conjugando isso com os dados históricos de incas e maias, ele chega ao primeiro mapa isotérmico do qual se tem notícia. Dele procedem as duas intuições fundamentais de sua filosofia,

expressa em seu testamentário *Cosmos*, de 1845-1848: cau-
salidade e correlação. Isso significa que somos estrangeiros em nossa própria morada, porque a morada não é nunca apenas e tão somente *própria*, mas compartilhada. Isso
significa também que, para alguém se tornar cidadão do
mundo-Cosmos-Antropoceno, precisaria reinventar sua relação de posse, uso e propriedade com seus territórios, com
suas nações e com suas identidades.

Em 1803, Alexander Humboldt está em Washington
negociando mapas da América Central com o presidente
Jefferson. Em 1804, volta a Paris, onde encontra Napoleão.
Em 1805, observa a erupção do Vesúvio. Depois disso, parte
para a Ásia, chegando a Sibéria e Mongólia e recebendo na
volta a condecoração pelo tzar Nicolau I. Em troca, é claro,
de preciosos mapas.

Ele não só percebeu como praticamente demonstrou em
seu *Quadros da natureza* que física, química e botânica se in-
terpenetram como saberes conexos, assim como a geologia,
a astronomia, a economia, a estatística, as ciências da linguagem e, finalmente, a política. A variação da distribuição
das plantas, conforme latitude e longitude, sua relação com
o clima e com a temperatura média, bem como a proximi-
dade com a água e com os oceanos, envolvendo umidade e
tensão atmosférica, consagrou um novo modelo de ciência.
Ciência que curiosamente recuperava a noção de cosmos,
como unidade interdependente. Ciência que reconhecerá
na natureza um agente ativo, e não apenas uma massa iner-
te para ser dominada, colonizada e explorada. É a última
obra de história natural universal e a primeira referência para
a zoologia, a botânica, a química e a geologia. Além disso,
teria sido a última vez em que literatura e ciência funciona-
ram realmente como uma unidade. Ao perceber a importância das narrativas para os povos ameríndios e ao reconhecer
como essas determinavam a relação com a natureza, seja
sob a ótica do plantio, seja pela natureza do nomadismo ou
da ocupação do espaço, ele é ao mesmo tempo o último e o

primeiro exemplar de uma espécie de cientista que dali em diante desapareceria. Seus conceitos transientes seriam considerados hoje insuportáveis: por exemplo, que a pintura e a experiência da paisagem têm alguma relação efetiva e real com a paisagem em si. Outro exemplo: que o clima, o solo, a paisagem e o tempo possuem alguma influência sobre a alma humana. O horizonte aqui, quando olhamos para sua filosofia da história, é a ideia de que essa "sincronia e sinfonia da natureza" só pode ser percebida porque seu conceito de referência é universal.

— • —

Para além da obsessão portuguesa com os saberes do estrangeiro, por que nos fizemos excluir das excursões de Humboldt? A pergunta local específica poder-se-ia generalizar na indagação sobre a curiosa relação do brasileiro com a noção de estrangeiridade. Hoje, quando o pensamento decolonial tenta desfazer os nós da dominação cultural, que se reproduzem em séries históricas de desconhecimento, ignorância e segregação, nos descrevemos facilmente como descendentes ou sequelados da dominação europeia, com seus falsos universais, eternizados pelos direitos universais, aos quais se deveriam acrescer: homem, branco, heterossexual, cisgênero, europeu, de classe média ou rica. Mas Portugal não agia exatamente como esse perfil eurocêntrico parece sugerir. Na periferia da Europa, recusava ou retardava tudo o que podia em termos de sua integração ao Antropoceno. É por isso talvez que nosso ressentimento contracolonial, como observou Maria Rita Kehl em *Ressentimento*, apareça bem mais quando sediado na Inglaterra e na França, nos séculos XVIII e XIX, e nos Estados Unidos do século XX, do que nos nossos próprios e terríveis ibéricos.

Por que afinal temos uma relação reversa com os estrangeiros imigrantes, alemães, japoneses, italianos e, sim, novos portugueses e espanhóis que chegaram no século

XIX, a ponto de confundi-los com os verdadeiros autores da barbárie exploratória brasileira? Por que, ainda hoje, não fomos contagiados pela obsessão europeia dos imigrantes invasores, com seus bolsões de miséria e com o mar Mediterrâneo de corpos sem ar? Temos nossos haitianos e bolivianos, em trabalho ilegal, reeditando relações ancestrais de exploração e escravidão. Mas esses casos não adquirem uma força de reconhecimento, que nos faria ver um curto-circuito histórico indignante ou heroico. Temos também nossos muros, mas eles são endogâmicos e não podem ser comparados aos muros de Gaza ou da fronteira mexicana, ou aos muros de Erdogan e Orban.

A hipótese aqui é de uma espécie de patologia da estrangeiridade nacional, que por consequência nos colocaria ao modo de uma inversão do contexto do Antropoceno, marcado pela expansão de fronteiras da civilização. Aliás, é no barco a vapor, adentrando as selvas do Congo, alegoria da colonização belga na África, viagem retratada por Joseph Conrad em *Coração das trevas* (1899) e refraseada por Francis Ford Coppola em *Apocalipse Now* (1979), que encontramos um modo paradigmático de produção da estrangeiridade. Por isso, a alegoria fundamental do Antropoceno envolve inicialmente a suposição de uma não fronteira, indeterminada e infinitamente expansiva, com a natureza incivilizada e posteriormente uma fronteira fortemente vigiada, razão e justificativa da propriedade e de nossa identidade. Não por outro motivo ambos se passam nesta zona de indeterminação que é o rio, ainda que pudesse ser uma montanha ou uma geleira, com a condição que reconheçamos que, na passagem, não está a nação, mas o comum. Esta reformulação do Estado como ponto de partida começa pelo reconhecimento destas zonas comuns, ancestrais — o rio, o lago, a montanha — como lugares de subversão da geografia das fronteiras e de início de outro Antropoceno.

O argumento é curto. Para cá, confluíram estrangeiros que jamais se desejaram ou se reconheceram assim.

É o caso dos indígenas ameríndios, que, sem aviso ou negociação, tornaram-se estrangeiros em suas próprias terras. Isso decorreu de um conceito típico do Antropoceno, ou seja, a ideia de que a terra pertence a alguém. Não há terra que não seja de uso, abuso, posse ou propriedade, e é a terra que faz o território, que faz a nação, que gera a nacionalidade que cria o Estado. Chegamos assim à curiosa constatação de que, aos indígenas, tivemos de lhes dizer que eles eram estrangeiros em sua própria morada. E, para dizer isso, tivemos antes que catequizá-los e fazê-los falar a nossa própria língua.

Acontecimento análogo se dá com relação às pessoas negras escravizadas de origem africana. São estrangeiros bantos, nagôs, hauçás, jejes, são tornados estrangeiros contra sua vontade e submetidos a um regime de estrangeiridade que não pode ser comparado com o vigente entre as comunidades africanas irredutíveis ao entendimento ocidental europeu de nação. Ou seja, também aqui, temos povos que não se sabem estrangeiros no lugar onde vivem.

O terceiro elemento que compõe esta série são naturalmente os judeus expulsos da Península Ibérica. Forçados à conversão desde 1391, os judeus se tornam objeto preferencial de ódio pela confluência entre a peste negra e a expansão da Guerra dos Cem Anos, que, por caminhos diferentes, concorrem para produzir a ideia de um inimigo interno, uma fonte de corrupção, uma vez que não é um habitante próprio daquele lugar.

Ou seja, quando são definitivamente expulsos, em 1492, eles já são apátridas de saída. Vê-se assim pelas peculiaridades da diáspora judaica, a ser comparada com a diáspora africana e a ser contrastada com o nomadismo ameríndio, que não se pode aplicar o conceito regular de estrangeiridade a essas populações.

Ora, o que há de incomum nesta incomunidade é justamente a perda, daí o luto inconcluído, historicamente adiado, da perda do povo, da pátria, do território ou nação.

Daí o luto negado, que retorna como violência ou como fetiche do verdadeiro estrangeiro.

— • —

A negação da condição de estrangeiro nos leva a dois caminhos paradoxais, que talvez caracterizem o Antropoceno. Há um recorrente esquecimento dos vencidos, ainda mesmo quando os vencidos somos nós. A intrusão endocolonizadora da Companhia, que não consegue reconhecer o modo típico e indeterminativo de propriedade, leva a uma coleção de efeitos sintomáticos que passam pela despersonalização, pela alienação, pela reificação, pela dissociação. Mas observemos também a emergência dos sintomas positivos. Eles são da natureza de uma coerção poética. Uma compulsão metonímica a terminar pensamentos por meio de uma cadeia de assonâncias. Esse é um traço curiosamente verificado na biografia de pacientes *borderline*. Retenhamos aqui a noção de fronteira (*border*) como compositiva desse quadro clínico, descrito pelo psicanalista Adolph Stern em 1938, para adolescentes que sofriam ao mesmo tempo com um ardente medo de serem abandonados pelo outro e uma igualmente feroz destruição do laço com o outro quando esse se mostra íntimo e próprio.

Em alemão, há duas palavras para fronteira. *Grenzen*, que se refere ao limite visível entre dois países, com uma zona de alfândega e às vezes uma referência geográfica, como um rio, uma montanha ou um lado como referência. Mas há também a *Schränken*, que nos remete à fronteira como unidade e perda de unidade, como continente e conteúdo. Se a *Grenzen* afirma que de alguma forma achamos que sabemos quem somos "nós" e quem são os "outros", os estrangeiros, a *Schränken* nos convida a pensar em unidades de mistura e composição, às vezes indiscerníveis. Por exemplo, a "fronteira" entre o sono e a vigília, entre a consciência e o sonho, é uma fronteira móvel, que tem a estrutura de um litoral ou de uma borda, compreendendo essa zona intermediária da mancha, do cinzento, da mistura.

Em um ensaio publicado em 1919 e, entre outras traduções, intitulado "O infamiliar", Sigmund Freud observou a curiosa propriedade não identitária da palavra alemã *Unheimlich*, composta pela negação simples (*Un*) de um advérbio bem definido, "familiaridade" (*heimlich*). A anomalia aqui é que nem toda negação do familiar é de fato um indutor de estranheza, enquanto sentimento característico de angústia. Entre a casa e a rua, entre o próximo e o distante, entre o nós e o eles, ou entre o vivo e o morto, não há uma série homogênea tal qual esperávamos. Sob certas condições, o que deveria permanecer oculto e íntimo aparece como revelado, e isso é angustiante. Tal angústia, argumenta Freud na primeira parte de seu ensaio, só pode ocorrer se o sujeito ainda não superou suas fantasias narcísicas de natureza animista, que persistem e retornam cruzando a oposição entre a casa e a rua, entre nós e eles. Mas, na terceira parte, ele modifica essa opinião, pois reconhece a existência potencial de conflitos de juízo e do trabalho da ficção como algo que nem sempre remonta a fantasias infantis, ou seja, a um passado que não queremos abandonar e volta nos aterrorizando.

Às vezes, e não temos como saber quando é esse o caso, a ficção que cruza a linha entre o familiar e o estrangeiro, entre o nós e o eles, dá ensejo a um novo mundo, ou seja, uma realidade ainda não admitida ou uma lei ainda não escrita. Ou seja, às vezes a estrutura de ficção que caracteriza a verdade pode se referir ao tempo do Real. Mas esse encontro deve permanecer oculto e indecidido para aquele que experimenta essa experiência produtiva de indeterminação.

O caso de ameríndios, negros e judeus expatriados é um modelo para a experiência do infamiliar. Ele representa não apenas a travessia de fronteiras, mas o colapso do próprio conceito de fronteira, sua inadequação e sua inaplicabilidade. Mas, de certa forma, esse impasse admite uma segunda forma lógica de resolução. Basta pensar que todos seríamos assim apátridas e que a exceção é constituída pelos que podem contar com uma origem familiar referida ao território. Nesse caso, nos aproximamos da solução proposta por Humboldt em *Cosmos* que segue, em linhas gerais, o conceito kantiano de cosmopolitismo, ou seja, ou somos todos cidadãos do mundo, ou somos todos apátridas, porque a unidade da natureza se nos impõe acima das fronteiras. Bastaria aqui que o segundo irmão, Wilhelm, aplicasse a fórmula ao contexto político, para que tivéssemos um governo geral, equivalente a uma cidadania universal.

Mas o problema das fronteiras não cede tão fácil, afinal elas estavam entranhadas na nossa história e eram condições para esse princípio geral, difícil de recusar, como constituinte dos Estados, nações e comunidades: a guerra. E é neste contexto do Estado-nação que se desenvolve uma certa gramática do que viemos a chamar de identidade.

— • —

Mas há uma teoria que corresponde à inversão perfeita do Antropoceno como emergência da suspensão das fronteiras. Ela aparece assim, em Machado de Assis:

> — Não há morte. O encontro de duas expansões, ou a expansão de duas formas, pode determinar a supressão de uma delas; mas, rigorosamente, não há morte, há vida, porque a supressão de uma é princípio universal e comum. Daí o caráter conservador e benéfico da guerra. Supõe tu um campo de batatas e duas tribos famintas. As batatas apenas chegam para alimentar uma das tribos, que assim adquire forças para transpor a montanha e ir à outra vertente, onde há batatas em abundância; mas, se as duas tribos dividirem em paz as batatas do campo, não chegam a nutrir-se suficientemente e morrem de inanição. A paz, nesse caso, é a destruição; a guerra é a conservação. Uma das tribos extermina a outra e recolhe os despojos. Daí a alegria da vitória, os hinos, aclamações, recompensas públicas e

todos os demais feitos das ações bélicas. Se a guerra não fosse isso, tais demonstrações não chegariam a dar-se, pelo motivo real de que o homem só comemora e ama o que lhe é aprazível ou vantajoso, e pelo motivo racional de que nenhuma pessoa canoniza uma ação que virtualmente a destrói. Ao vencido, ódio ou compaixão; ao vencedor, as batatas.

— Mas a opinião do exterminado?

— Não há exterminado. Desaparece o fenômeno; a substância é a mesma. Nunca viste ferver água? Hás de lembrar-te que as bolhas fazem-se e desfazem-se de contínuo, e tudo fica na mesma água. Os indivíduos são essas bolhas transitórias.

A teoria de Machado de Assis, expressa por Joaquim Borba dos Santos, o Rubião, em *Quincas Borba* e já esboçada em *Memórias póstumas de Brás Cubas*, ganha corpo entre 1886 e 1899.

Não há morte. Não há luto. Não há lembrança dos tempos passados. A guerra na qual os perdedores desaparecem. Sem deixar rastro, sem deixar memória.

O humanitismo descrito pelo personagem de Machado padece de uma radical deficiência para negociar bens e interesses. Isso acontece porque ele presume a escassez. Ao vencedor as batatas, porque não há batatas para todos. Assim como na parábola da colmeia, proposta por Bernard Mandeville em 1723: a paz traz a destruição, o egoísmo move as abelhas rumo ao que é aprazível ou vantajoso, ou então ao caos.

Não há exterminados. Não há, pois, dívida simbólica com os exterminados. Não há trato dos viventes para com os que já se foram. Há uma desaparição sem resto. E sem esse resto não se pode argumentar que o Antropoceno engendra sua regra de autodestruição. "Canonizando uma regra que virtualmente a destrói."

— • —

Um tal Conde de Linhares impediu a expedição Humboldt de cruzar o rio Amazonas, chegando talvez ao rio Xingu. Não fosse ele, outros mapas e outras versões de *Cosmos* poderiam levar em conta a contribuição brasileira para a determinação da ideia de estrangeiridade. De fato, João Linhares é o nome do tabelião que anota a epopeia de um médico cujo pai, Rui de Leão, nascera em 1600 e que, depois de levado por um indígena a ingerir metade de um elixir mágico, tornara-se imortal. Enquanto imortal, namorou e se casou com muitas mulheres, aprendeu quase todas as línguas, participou dos acontecimentos mais notáveis, como a Revolução Francesa e a luta no Quilombo dos Palmares. Apesar de ter sido, durante um tempo, traficante de escravos, adotou quase todas as profissões disponíveis. Narrado pelo filho, "O imortal", também de Machado, é um conto sobre o que se passa quando a morte não é mais possível. Nós nos acostumamos a perder os entes queridos, nos desligamos deles, não temos mais território nem pertencemos a qualquer língua. A morte acontece pelo princípio homeopático de que o semelhante cura o semelhante. Ingerindo a parte faltante do elixir, ele se curara da doença da imortalidade, assim como a primeira metade havia conduzido a tal destino trágico.

Linhares testemunha do imortal tornado mortal depois de ter ingerido o elixir indígena. Ora, temos aqui dois tipos, ou dois tempos, de antropofagia. No primeiro tempo, ele incorpora o elixir ameríndio da imortalidade, adquirindo com isso essa propriedade restrita que lhe foi confiada pelo outro. No segundo, ele percebe que não se tratou apenas da aquisição de uma condição a mais que lhe acrescentou algo novo em relação ao que já era, mas que ele havia sido devorado pelo elixir. Agora, estava tomado pelo mesmo desalento, desamparo e depressão que havia levado o xamã a desejar sua própria morte. Por isso o antídoto do antídoto é o próprio elixir, mas agora tomado como cura não para o estrangeiro, mas para a versão identitarista que ele criara de si mesmo. Ele sofre porque não pode ser outro senão esse mesmo imortal que a cada vez repete o mesmo destino trágico de perder aqueles que ama, porque esses são meros mortais.

Personagem secundário do conto de 1892, Linhares, o tabelião que deveria registar esse fragmento insólito de herança, por onde o território se reapossa a cada vez, percebe que está diante de um mapa impossível. Assim como o real e verdadeiro Conde de Linhares, que bloqueia a viagem de Humboldt, ele testemunha a paradoxal lógica do cosmos, levando ao exagero, e ao absurdo, a simples crença de que possuímos esse pedaço de território e somos proprietários desse pedaço de corpo vivente. Donos dessa substância em expansão sem resto e sem luto, pelas razões de algum direito divino ou por motivos metafísicos anteriores ao Antropoceno.

O tabelião Linhares escutou e talvez tenha registrado a narrativa de um filho que detalha as experiências históricas de seu pai desde 1600, data de seu nascimento suposto. Uma alegoria interessante sobre até onde queremos voltar para falar de herança. Até as capitanias hereditárias e sua nobreza latifúndia? Por outro lado, o personagem morre, deliberadamente, em 1892. Data na qual o filho reconta a história recebida do pai e discute o tema subliminar da herança. História recebida e transmitida sem ódio nem compaixão. Afinal, foi preciso que o protagonista do conto pudesse lembrar de seu medo e de seu ódio, de seu ato de vingança e de guerra, para que o processo de reparação pudesse ganhar novo curso. Antes disso, ele praticava uma versão do humanitismo, sem resto, sem batatas e sem mapas.

O antídoto para o humanitismo, como teoria da imortalidade e da negação do luto, como reversão do falso universalismo e como reconhecimento dialético entre vencidos e vitoriosos, baseia-se na descoberta depressiva de que a imortalidade é sem memória e a tudo torna indiferente. Não basta a suspensão das fronteiras (*Gränze*), se isso não criar uma nova unidade (*Schränke*) e uma nova maneira de não ser estrangeiro em nosso próprio planeta.

Moral da história: batatas para todos ao preço de que não existam mais batatas para ninguém.

REFERÊNCIAS

ALENCASTRO, Felipe. "África, números do tráfico atlântico". *In*: SCHWARCZ, Lilia Moritz & GOMES, Flávio (orgs.). *Dicionário da escravidão e liberdade*. São Paulo: Companhia das Letras, 2018.

ASSIS, Machado de. *Memórias póstumas de Brás Cubas*, Obra Completa, v. I. Rio de Janeiro: Nova Aguilar, 1994.

_____. *Quincas Borba*, Obra Completa, v. I. Rio de Janeiro: Nova Aguilar, 1994.

_____. "O imortal", Obra Completa, v. II. Rio de Janeiro: Nova Aguilar, 1994.

CONRAD, Joseph. *Coração das trevas*. Tradução: José Rubens Siqueira. São Paulo: Antofágica, 2019.

FELDMAN, Sergio Alberto. "Memória, identidade e resistência cultural: os judeus entre a espada e a cruz na Espanha Medieval (séculos XIV e XV)", *Revista Dimensões*, v. 33, 2014, pp. 180-205.

FREUD, Sigmund. *O infamiliar*. Tradução: Ernani Chaves, Pedro Heliodoro Tavares, Romero Freitas. Belo Horizonte: Autêntica, 2019.

HELFERICH, Gerard. *O cosmos de Humboldt*. Tradução: Adalgisa Campos da Silva. Rio de Janeiro: Objetiva, 2005.

HUMBOLDT, A. *Quadros da natureza*. Tradução: Assis Carvalho. Rio de Janeiro: Clássicos Jackson, 1963.

KEHL, Maria Rita. *Ressentimento*. São Paulo: Boitempo, 2020.

A QUEDA DO CÉU

Um livro sagrado contra o fim do mundo

—

MICHELINY VERUNSCHK

"[...] e Colombo viu toda a natureza em chamas e viu a noite apocalíptica e o sonho do rei perturbado dissolvido em luz."

Patti Smith, "Constantine's Dream"

Como definir um texto como sagrado para além da mensagem espiritual que possa conter? Alguns dos livros sagrados têm autoria desconhecida, enquanto a outros são imputadas autorias que agregam muitas vozes, afinal, quantos falam pela boca dos profetas? Mais do que a revelação divina, um texto, para ser sagrado, deve principalmente se dirigir a sua gente ou à humanidade, ampliando seus significantes, consagrando suas palavras à dimensão humana, o que o tornará um livro vivo. Nesse sentido, analiso *A queda do céu*, escrito em coautoria por Davi Kopenawa e Bruce Albert, naquilo que parece configurá-lo como um livro sagrado dos nossos tempos, ao congregar as dimensões histórica, espiritual e da vida prática a uma perspectiva política que assume um tom profético e denunciatório em relação aos efeitos destrutivos do modo de vida ocidental sobre os povos originários e o planeta. Sua filiação etnográfica complexifica sua compreensão dessa que, como chama a atenção o antropólogo brasileiro Eduardo Viveiros de Castro no prefácio à edição nacional, se configura em uma narrativa surgida de um duplo pacto, o etnográfico e o xamânico.

Assim, explorarei algumas das potências dessa obra tendo por norte essas instâncias e o farei em três movimentos: esboçando uma compreensão de sua política tradutória, explorando a dimensão profética em circunscrição anticapitalista e, finalmente, estabelecendo, à guisa de conclusão, uma leitura em perspectiva ao *Popol Vuh*, livro que aborda as cosmologias da civilização maia, um testemunho da aurora e da destruição dos povos mesoamericanos, passando pela "primeira idade do mundo" até a chegada dos colonizadores. Esta última mirada se torna urgente para a reflexão sobre um *corpus* de documentos insurgentes no contexto de mundos em permanente tensão.

Coautoria e ética tradutória

As palavras de *A queda do céu* transitam entre vários mundos, e, nesse trânsito, diferentes mecanismos tradutórios são acionados. No paratexto "Postscriptum: quando eu é um outro (e vice-versa)", Bruce Albert desvela a genealogia não apenas do texto, mas de sua própria vida e formação até chegar ao diálogo estabelecido com o xamã ianomâmi Davi Kopenawa, um dos mais importantes líderes indígenas mundiais, voz ativa na denúncia contra a invasão do território ianomâmi e na perspectiva de uma ecologia profunda. Antropólogo franco-marroquino, Albert formou-se na escrita etnográfica nos anos 1970, tendo recebido uma bolsa de pesquisa para a Universidade de Brasília, fato que lhe permitiu estabelecer trabalho de campo no Norte do

Brasil. Com o país sob a ditadura militar instaurada em 1964, os ataques aos direitos indígenas não raramente foram encabeçados pelas autoridades amparadas institucionalmente pela Fundação Nacional do Índio (Funai), e o acesso às lideranças muitas vezes foi truncado ora pela proibição de acesso aos territórios, ora por uma rede disseminadora de desconfianças.

Diz Kopenawa:

> Amâncio tinha me dito antes de sair: não se aproxime desses estrangeiros, eles são muito perigosos! Eles vão querer se aproveitar de você e roubar as riquezas de sua terra. Eles querem pegar sua imagem e suas palavras e trocar por dinheiro. [...] Com certeza disseram a você 'Davi virou branco! Não pense que é um verdadeiro Yanomami! Mas mentiram para você e você se deixou enganar! Como eu, naquele tempo, você não sabia grande coisa. [...] Com certeza achavam que se eu fizesse amizade com você nós dois acabaríamos conversando e isso não seria bom.

Ao delimitar esse panorama, temos a tradução que envolve todo o complexo documental de *A queda do céu* como uma política do exercício de alteridade, atividade relacional, intersemiótica e intercultural, que, antes de se estabelecer pela língua e pela linguagem como mensagem oral ou gráfica, passa pelos corpos e pelas subjetividades. Qualquer outra tradução é posterior a esse diálogo inaugural entre diferenças. Se tudo é discurso, tudo é tradução, escreve Henri Meschonnic, linguista, poeta e tradutor, em *Poética do traduzir*. E nesse sentido, desde os primeiros contatos, Kopenawa e Albert colocam em movimento o empreendimento tradutório, atividade nodal ao exercício etnográfico, aliás. Compreender esse cenário e suas filigranas parece ser fundamental para compreender a ética regente do texto.

E é nessa fricção entre sujeitos que se tornam permeáveis, mobilizados em coautoria, que será possível dar voz a uma pluralidade de outros sujeitos sejam humanos ou não humanos, vivos ou mortos, ancorados em planos distintos. *A queda do céu* busca oferecer caminhos para uma escuta mais sensível e distante do olhar automatizado que o antropocentrismo lega. O conceito de "mútua inclusão", sobre o qual Brian Massumi, o filósofo e teórico social, discorre em *O que os animais nos ensinam sobre política*, pode ser uma chave de compreensão das palavras de que o xamã se faz portador. Trata-se da adesão e da reciprocidade entre as diferenças, algo que a cosmologia dos povos originários já pratica há muito, como aponta Viveiros de Castro em suas pesquisas sobre o que chama de perspectivismo ameríndio.

Como se lê em *Duas viagens ao Brasil*, de Hans Staden:

> Cunhabebe tinha diante de si um grande cesto cheio de carne humana. Comia de uma perna, segurou-a frente à minha boca e perguntou se eu também queria comer. Respondi "um animal irracional não come outro igual a si, e um homem deveria comer outro homem?". Então ele mordeu e disse: "Jauára ichê. Sou uma onça. É gostoso".

Em *A queda do céu*, são muitos os que detêm a palavra, desde os antigos xamãs constantemente evocados, passando pelo *corpus* referencial de que o etnólogo lança mão para a organização do documento como texto escrito, e ainda a profusão dos *xapiri,* os espíritos da floresta, dos animais, dos ancestrais e toda uma diversidade de seres. A biografia de Kopenawa, que também integra o documento, interessa no que tem de vinculatório a essa comunidade pluriforme. O esforço tradutório dos coautores é amparado numa (po)ética que diz respeito a certa insurgência sobre os efeitos deletérios dos ataques sofridos tanto pelos povos originários como pelos ecossistemas, e essa tradução é por si um ato de resistência: a escuta radical do Outro e para o Outro. Mesmo quando o outro é um eu diferente de mim.

Essa base comunicacional confere importância inédita a essa obra que, ao aderir aos discursos de todos esses entes, concebe outra forma de perceber o mundo, colocado como não segregado entre as múltiplas realidades. Uma razão desestabilizadora da noção binária ocidental, que exige ativamente outro olhar sobre si mesmo e o mundo. E essa parece ser a sua ética norteadora: "Há uma política do traduzir. E é a poética. Como há uma ética da linguagem, e é a poética. Ou antes. O inverso é forte: o ético só é verdadeiramente ético quando pratica a poética", argumenta Henri Meschonnic.

O Ocidente derruba o céu

Talvez uma das melhores definições para o Antropoceno tenha sido dada pelo pensador suíço Paul Zumthor, para quem, desde o século XVII,

> a Europa se espalhou sobre o mundo como um câncer; sub-repticiamente, a princípio, mas há muito ela galopa, destrói hoje, demente de formas de vida, animais, plantas, paisagens, línguas. A cada dia que passa, muitas línguas do mundo desaparecem: renegadas, sufocadas, mortas com seu último velho, vozes virgens de escrita, pura memória sem defesa, janelas abertas sobre o real.

Grosso modo, Antropoceno é o termo usado por parte da comunidade científica para indicar o período geológico mais recente do planeta, época ainda não datada oficialmente, mas estabelecida, ou aprofundada, no rastro da Revolução Industrial, quando as atividades humanas começam a impactar e deteriorar ecossistemas e clima em toda a Terra. É um conceito instável, que apresenta o risco, entre outros, da naturalização da ação humana e nem sempre leva em conta os agentes econômicos por trás dessa erosão do equilíbrio planetário. O filósofo francês Bruno Latour, um dos principais pensadores do Antropoceno, defende o uso do conceito como a melhor alternativa para confirmar a herança sombria da escalada do capitalismo global.

Mas talvez seja ainda mais apropriado usar o termo Capitaloceno, proposto por Jason W. Moore, visto que há uma limitação das decisões de poder a uma parcela pequena da humanidade e que essas decisões impactam não apenas o planeta como a maioria da espécie excluída dessas deliberações. De todo modo, as relações entre a ascensão do capital e um colapso planetário de caráter irreversível vêm sendo apontadas como o gatilho armado pela humanidade contra si mesma e contra a vida no planeta.

Kopenawa, como mediador entre o mundo material e o mundo dos espíritos e dos seres não humanos, oferece suas palavras ao Ocidente, aos filhos dos *napë*, os brancos e embranquecidos que, apaixonados por si mesmos e com pouca capacidade para o sonho, se encantam com mercadorias. Esse gesto dá potência à voz dos Xapiri, que, por sua vez, repercutem a voz e o desejo de Omama, o grande criador. Essa palavra se concentra na profecia de uma nova queda do céu: quando Omama criou a floresta, a criou sob um signo de instabilidade, incapaz de se fixar numa forma suficientemente forte, o que fez com que o céu desabasse sobre ela.

Ao criar outra floresta, o demiurgo ajusta essa obra e a prende às profundezas da Terra, fixando-a com placas de metal que mantêm o mundo e o céu no lugar. O bloco de relações exploratórias capitalistas, identificado pelos Ianomâmi como a "epidemia do ouro", tem ameaçado a estabilidade do desenho de Omama. No pensamento ianomâmi, os metais são elementos de adoecimento e por isso estão guardados distantes da humanidade. De fato, se pensarmos historicamente, a percepção de que o metal não atinge o corpo senão para enfraquecer, ferir ou matar é muito recente. É só com o advento da vacinação que o metal atravessa o corpo para cuidar. O céu está se despregando do lugar e ameaça desabar mais uma vez, colocando o fim do mundo em curso, e nisso se ajustam as palavras de Omama, dos cientistas e de qualquer observador sensível à devastação empreendida.

Toda narrativa apocalíptica pressupõe a destruição de um mundo e sua substituição por um novo modelo, não exatamente melhor, mas diferente, um mundo em devir. No apocalipse prenunciado por Kopenawa, e por outras vozes indígenas, a possibilidade de não existência de um novo mundo é uma perspectiva aterradora para todos.

A regra nas mitologias ameríndias, dizíamos, são os apocalipses periódicos. Mas, quando esses se cruzam na imaginação dos povos atuais, com as múltiplas informações sobre a catástrofe climática em curso que lhes chegam de todos os lados; quando a essas informações se somam as observações ainda mais preocupantes, pois obtidas pela verificação direta, de uma dessincronização dos ritmos sazonais e dos ciclos hidrológicos e de uma consequente perturbação das interações biossemióticas características dos hábitats tradicionais desses povos; quando a isso se acrescenta a destruição generalizada, crescente e violenta desses ambientes pelos "programas de aceleramento do crescimento promovidos pelos Estados-nação reféns do capitalismo mundial integrado [...], as 'inquietações' quanto à impossibilidade patente de reproduzir o presente etnográfico ganham um sentido de urgência decididamente pessimista", como escrevem os pensadores Viveiros de Castro e Déborah Danowski em *Há mundo por vir?*.

O trabalho de manter o céu no seu devido lugar tem sido uma luta cada vez mais inglória que, adverte Kopenawa, depois de sua morte e da de outros xamãs, talvez tenha por conclusão a descida de uma escuridão eterna sobre todos. Ao denunciar todos os infortúnios advindos do escarafunchar perpétuo das profundezas da Terra, *A queda do céu* questiona as engrenagens de morte que sustentam o modo de produção capitalista, de maneira que essa relação parece desvelar o caráter aterrorizante do capitalismo e de seus métodos, no sentido dado pelos filósofos de Friedrich Nietszche a Gilles Deleuze e Félix Guattari, operando por uma desterritorialização extrema e cínica, "engrenagem imensa que torna a dívida infinita e forma uma única e mesma fatalidade esmagadora".

Popol Vuh e *A queda do céu*: sagrados insurgentes

O *Popol Vuh*, também conhecido como *Livro da comunidade* ou *Livro do conselho*, é um dos primeiros documentos indígenas escritos na língua quiché em caracteres latinos. Registro anônimo, é o livro sagrado da civilização maia e apresenta um panorama de suas tradições mais antigas. É também um livro feito de espelhamentos: reproduz um livro anterior, *o livro que já não se vê*, que conteria as mitologias, histórias e profecias do povo Maia-Quiché e foi perdido. O que chegou até os dias de hoje é uma transcrição traduzida para o castelhano pelo frei dominicano Francisco Ximénez, a partir de outro manuscrito, também ele extraviado, uma recriação daquele documento inaugural. Muito embora crivado em certa medida pelo cristianismo instaurado após a chegada dos colonizadores, este livro, com todas as suas múltiplas e híbridas traduções, atesta a origem da vida na visão quiché ao mesmo tempo que se torna um testemunho da destruição do mundo pré-colombiano dos povos mesoamericanos, uma linha que ata este mundo em dissolução ao mundo colonial e pós-colonial, e ao mundo de hoje. O *Popol Vuh* e *A queda do céu* habitam a mesma fronteira semiótica, movendo-se em polos dialogais, no que diz respeito não apenas às visões cosmológicas, mas também às representações de mundo, de natureza e de múltiplas realidades. E, apesar de suas especificidades, de serem estrutural e formalmente distintos, e ainda de as traduções culturais operarem neles de formas diversas, suas perspectivas se friccionam diacronicamente de modo a falar a todos os tempos.

Como textos simultaneamente sagrados e políticos, eles fluem na história em um vaivém perpétuo. Para o historiador cultural russo Iuri Lotman, as fronteiras semióticas agem também como as fronteiras geográficas, selecionando, delimitando, organizando e traduzindo os espaços interno e externo dos dados da cultura. Na semiosfera em que esses livros habitam, os encontros se dão por várias tensões desse território atravessado pela cicatriz colonial. Nesse sentido, não será demais dizer que *A queda do céu* atualiza e espelha o *Popol Vuh*, consolidando-se hoje como o grande livro sagrado para este tempo, congregando com ele o mesmo corpo (ou território).

Como narrativas dos povos originários sobre si mesmos e sobre fatos históricos (incluindo os desastres de ordem social e os ecológicos) o *Popol Vuh* e *A queda do céu* se afirmam como parte de um grande organismo de documentos insurgentes, artefatos de luta diante da guerra sistemática empreendida desde a chegada dos colonizadores contra o modo de vida e pensamento dos povos originários. Desse *corpus* fazem parte um rol de pensadores indígenas no qual se incluem nomes, além do próprio Kopenawa, como Ailton Krenak, Álvaro Tukano, Eliana Potiguara, Daniel Munduruku, o filósofo *sioux* Vine Deloria Jr. e a pensadora chicana Gloria Anzaldúa, para citar apenas alguns. Pensar natureza, sociedade, capitalismo, espiritualidade por meio de epistemologias não ocidentalizadas talvez possa proporcionar à humanidade a chance de reescrever os termos do contrato com este planeta. Equilibrar as forças da natureza diante do estrago causado pelo Antropoceno/Capitaloceno é um trabalho a ser empreendido entre tempos e entre mundos.

Talvez os xamãs e pensadores fora da lógica binária ocidental sejam capazes de reconectar os territórios. Mas isso é, para hoje, uma urgência que convoca a todos, inclusive àqueles que põem em andamento a máquina da destruição.

REFERÊNCIAS

BHABA, Homi K. *O local da cultura*. Tradução: Myriam Ávila, Eliana Lourenço, Gláucia Renate. Belo Horizonte: Editora UFMG, 2003.

CASSIRER, Ernst. *Linguagem e mito*. Tradução: J. Guinsburg. São Paulo: Perspectiva, 2009.

DANOWSKI, Déborah & VIVEIROS DE CASTRO, Eduardo. *Há mundo por vir? Ensaio sobre o medo e os fins*. Florianópolis/São Paulo: Cultura e Barbárie/Instituto Sociambiental, 2015.

DELEUZE, Gilles & GUATTARI, Félix. *O anti-Édipo: capitalismo e esquizofrenia 1*. Tradução: Luiz B. Lacerda Orlandi. São Paulo: Editora 34, 2010.

KOPENAWA, Davi & ALBERT, Bruce. *A queda do céu: palavras de um xamã yanomami*. Tradução: Beatriz Perroni-Moisés. São Paulo: Companhia das Letras, 2015.

LATOUR, Bruno. "Para distinguir amigos e inimigos no tempo do Antropoceno", *Revista de Antropologia*, v. 57, n. 1, 2014, pp. 11-31.

LOTMAN, Iuri. *La Semiosfera*, v. 1. Madri: Catédra, 1996.

MASSUMI, Brian. *O que os animais nos ensinam sobre política*. Tradução: Francisco Trento e Fernanda Mello. São Paulo: n-1 edições, 2017.

MESCHONNIC, Henri. *Poética do traduzir*. Tradução: Jerusa Pires Ferreira e Suely Fenerich. São Paulo: Perspectiva, 2010.

MUSSA, Alberto. *Meu destino é ser onça: mito tupinambá*. Rio de Janeiro: Record, 2009.

Popol Vuh: o esplendor da palavra antiga dos Maias-Quiché de Quauhtlemallan: aurora sangrenta, história e mito. Tradução, crítica e notas: Josely Vianna Baptista. São Paulo: Ubu, 2019.

STADEN, Hans. *Duas viagens ao Brasil: primeiros registros sobre o Brasil*. Tradução: Angel Bojadsen. Porto Alegre: L&PM, 2010.

ZUMTHOR, Paul. *Introdução à poesia oral*. Tradução: Jerusa Pires Ferreira, Maria Lucia Diniz Pochat e Maria Inês de Almeida. Belo Horizonte: Editora UFMG, 2010.

VAMOS LÁ

Sentidos do afropessimismo

—

TULIO CUSTÓDIO

"Sem orgulho, sem respeito, sem saúde, sem paz."

Racionais MC's, "Homem na estrada"

Nos dias atuais, falar de racismo parece uma conversa que gira em torno da reação. Pelo menos nos últimos anos, o assunto vem sendo pautado com base em eventos sociais horrendos, envolvidos em assassinatos, balas perdidas, vidas ceifadas. Aquilo que podemos denominar como atos de atrocidade humana. No entanto, mesmo diante do descalabro da violência, das vidas perdidas, continuamos agindo como se o racismo fosse um problema pontual, isolado e fruto de situações repentinas. Ainda há uma grande negação quando se trata do racismo brasileiro, que atravessa séculos e ainda marca o cotidiano da vida pública neste país.

Há negação da visão. O racismo nunca é visto, e aqueles que recusam sua resistência o consideram tão pontual e raro sob suas lentes que chegam a aventar ilusões fantásticas de racismo reverso ou afirmam que chamar a atenção para o racismo seria aumentar a polarização entre grupos sociais.

Há negação da escuta. O racismo nunca é escutado em todos os sons que gera, dos lamentos às aflições. No choro, nas denúncias. Nas histórias e narrativas. A recusa da escuta é mais um sintoma da negação dos sentidos que atravessa a experiência racista do Brasil.

Há negação do olfato, uma dimensão mais simbólica do que literal. Em um ambiente social de desigualdades e grande opressão, há um cheiro no ar de que há problemas, de que há iminência constante da violência. Mas a negação reforça uma percepção pretensamente inodora da realidade, ao defender um lugar de harmonia plena: "Somos um só povo".

Há negação do gosto, do sabor ruim e amargo da desigualdade racial. O sabor das diferenças transformadas em lacunas profundas, das histórias incompatíveis com um mínimo senso de cidadania, do amargor de uma sociedade perigosa. Naturalização do sabor estragado das cidades cindidas, do aquilo *não é lugar para pessoas como eu*, dos corpos negros caídos pelas ruas das cidades, em estado explícito e estrutural de abandono e degradação. Contra esse gosto amargo, reforça-se a negação da realidade e se efetiva uma desculpa insossa, porém macabra.

E, por fim, há negação do tato, também figurativo na falta daquelas palavras que tanto são proferidas na atualidade: empatia, alteridade. A violência contra as pessoas negras, em todas as suas manifestações, ganha ares de crueldade diante da falta de sensibilidade da veiculação de imagens que supostamente seriam de denúncia, mas reforçam a estética da violência e da desumanização contra pessoas negras. Afinal, por que ainda é preciso assistir segundos ou minutos de uma mulher negra apanhando para "se sensibilizar contra a violência" que, estatisticamente — como demonstra ano a ano o *Atlas da violência* —, acomete mais pessoas negras? Ou, como brilhantemente questiona Denise Ferreira dos Santos em *A dívida impagável*, por que as mortes de pessoas negras não geram uma crise ética?

Como fazer para que o racismo seja tratado no debate público da maneira que precisa e merece? A discussão e o emprego do conceito "racismo estrutural" têm sido uma possibilidade. No entanto, ainda dentro das negações, o termo tem sido esvaziado e "esfumaçado" para se explicar aquilo que não se entende ou não seria capaz de se circunscrever e combater. Exatamente: o termo que visa explicar a dimensão ampla e conectada, objetiva e subjetivamente, a todas as esferas estruturantes da sociedade tornou-se um termo sobre tudo e sobre nada.

Tudo pode ser racismo estrutural, portanto não há o que fazer no plano individual. Falso silogismo da crueldade, que, a despeito das grandes contribuições que intelectuais negros como Silvio Almeida — na esteira histórica de outras mentes como Beatriz Nascimento, Lélia Gonzalez, Abdias do Nascimento, Alberto Guerreiro Ramos, Clóvis Moura, Neusa Santos Souza — têm produzido, continua a alimentar negações que aprofundam o grau de perversidade do racismo brasileiro. Nega-se o racismo chamando de racismo estrutural, qualquer coisa imprecisa, que permita (e necessite) reverter as esferas de poder para superar. Novamente: negação de escuta, de visão, de todos os sentidos...

Uma possibilidade para fazer essa crítica é por meio do emprego reflexivo do termo afropessimismo, um conceito-chave para pensar o tema. Nas palavras do livro homônimo escrito por Frank Wilderson III, o afropessimismo

> é menos uma teoria e mais uma metateoria: um projeto crítico que, ao utilizar a negritude como lente de interpretação, interroga a lógica tácita e presumida [...] é pessimista com relação às afirmações feitas pelas teorias de libertação quando essas teorias tentam explicar o sofrimento do negro ou quando fazem analogias entre o sofrimento do negro e o sofrimento de outros oprimidos.

Wilderson nos brinda com uma perspectiva que permite ir a fundo naquilo que é um diagnóstico concreto da negação dos sentidos promovida pelo racismo. O afropessimismo permite enxergar a estruturação do terror, de um sofrimento que embasa a existência civil. É o olhar crítico necessário para mostrar como, para além da negação dos sentidos, a morte de pessoas negras atende a uma lógica de falta de sentido: é uma violência ilimitada em termos temporais ou espaciais. Não é apenas contextual e histórica, mas profundamente relacional. E esse relacional não se faz em termos de raça, mas de status de humanidade. "Em qualquer escala de abstração, a violência satura a vida negra."

O afropessimismo escancara a utilidade da morte negra: não há *utilidade*. Isso porque a morte não é um passo dado, com um fim apontado; o genocídio (como Abdias do Nascimento apontou há décadas) praticado contra o povo negro não é um fim, mas um meio. "A mutilação corporal da negritude é necessária" e, por isso, contínua. Essa mutilação constitui o arco de relação da negritude com o escravizado, formando uma linha reta de imobilidade histórica hermeticamente fechada de dor, sofrimento e violência.

Uma pessoa negra é, assim, a negação do sentido de redenção da humanidade; é produto existencial, assim, dos três elementos que constituíram a escravidão: violência gratuita, ofensa universal e alienação natural. O afropessimismo permite que compreendamos, portanto, que a negação dos sentidos é um atributo da existência relacional racializada e colonialista na qual estamos enredados. Não é mero ajuste de consciência, tampouco falta de empatia. É a completa contradição insolúvel em todas as suas dimensões. Algo que nunca foi e "nunca mais voltou". Ou, nas palavras de Wilderson, o afropessimismo "é uma lente teórica que esclarece as diferenças irreconciliáveis entre, de um lado, a violência do capitalismo, a opressão de gênero e a supremacia branca [...], e, de outro lado, a violência da antinegritude (a necessidade humana de violência contra pessoas negras)".

Mas por que então trazer essa lente para pensar o racismo no Brasil? O afropessimismo é uma leitura da dimensão trágica que enreda a experiência de ser uma pessoa negra no universo racista brasileiro. Universo porque parece gravitar sempre em torno da morte e possui leis "geofísicas" próprias.

O ponto é que não precisamos de uma leitura de reação quando o entendimento crítico e diagnóstico dessa tragédia já faz parte da vida e da percepção da realidade do povo. Na esteira dessa reflexão, entra a música. Podemos citar, por exemplo, a literatura musicada brasileira manifesta no rap. Em sua múltipla expressão artística de "ritmo e poesia", o rap pode ser localizado também na literatura. Uma grande obra do afropessimismo brasileiro é a canção "Homem na estrada", dos Racionais MC's, que pode ser ouvida como música ou ser lida como um poema narrativo (ou uma narrativa poética).

Nessa canção, um sujeito narra sua trajetória trágica. A linha reta da imobilidade histórica está presente nesse personagem que não ganha um nome, mas é nomeado por sua condição final, o vir-a-ser da morte — "um homem na estrada" —, ou seja, como ele é encontrado. Sua narrativa é pregressa e futura: tudo que ele foi marca o que virá a ser, e em nenhum momento há possibilidade de absorção plena dessa existência por ele mesmo. O "homem na estrada" não goza das prerrogativas existenciais temporais e espaciais de um sujeito. Ele não é igual, não é livre. Não há irmandade para sua existência.

O "homem na estrada" é o reflexo do estigma sistêmico que demarca a subalternidade existencial, espacial e temporal definidora da experiência de uma pessoa negra. O social, o econômico e o cultural: fatos de uma vida marcada por violências e tragédias que mantêm a pessoa negra à parte de uma solução para "sair daquele lugar". Isso porque o lugar, na sua realidade cíclica da morte, é a solução. O "homem na estrada" expressa as leis desse universo, que circunda e prende aqueles sujeitos. Não é possível transcender essa dimensão trágica.

O "homem na estrada" expressa como a experiência violenta de ser uma pessoa negra nesse sistema cruel já fazia parte do léxico das pessoas que pensavam a condição racial, seja na política, na teoria ou na arte, como é o caso da música em questão, antes mesmo de o termo afropessimismo ser cunhado, no século XXI. "E o boato que corre é que esse homem está com o seu nome lá na lista dos suspeitos." Mas, não obstante esse novo termo, o diagnóstico é de uma vida cindida, de uma dignidade não atingida: "Como se fosse uma doença incurável [...] do seu lado não tem mais ninguém. A justiça criminal é implacável: tira sua liberdade, família e moral".

Basta acompanhar como as palavras da letra de "Homem na estrada" projetam e desenham imagens que reflеtem vivamente, e com esplendor, a escuridão da violência antinegritude:

É madrugada, parece estar tudo normal
Mas esse homem desperta, pressentindo o mal
Muito cachorro latindo, ele acorda ouvindo
Barulho de carro e passos no quintal
A vizinhança está calada e insegura
Premeditando o final que já conhecem bem
Na madrugada da favela não existem leis
Talvez a lei do silêncio, a lei do cão talvez
Vão invadir o seu barraco, "É a polícia!"
Vieram pra arregaçar, cheios de ódio e malícia
Filhos da puta, comedores de carniça
Já deram minha sentença e eu nem tava na treta
Não são poucos e já vieram muito loucos
Matar na crocodilagem, não vão perder viagem
Quinze caras lá fora, diversos calibres
E eu apenas com uma "treze tiros" automática
Sou eu mesmo e eu, meu deus e o meu orixá
No primeiro barulho, eu vou atirar
Se eles me pegam, meu filho fica sem ninguém
É o que eles querem: mais um pretinho na Febem
Sim, ganhar dinheiro ficar rico enfim
A gente sonha a vida inteira e só acorda no fim, minha verdade
foi outra, não dá mais tempo pra nada.

Porém, como aponta Wilderson, há caminhos e sentidos para o afropessimismo que superam e ultrapassam essa violência. E eles estão nos laços, no amor, naquilo que constitui e forma singularidade e subjetividade. O "homem na estrada" traz essa possibilidade em sua melodia através de um *sampler* de "Ela partiu", de Tim Maia. A música em questão, apesar do tom triste, é uma abertura metafórica para, como nos ensina Cornel West, "deixar o sofrimento falar e trazer a verdade". O *soul* é um gênero musical de constituição de vida. Apesar de mergulhar nos sentimentos e afetos, que podem trazer ou expressar tristeza, desagravo e melancolia, é exatamente nesse mergulho que se reconstitui a existência humana. O sentir da alma, do *soul*, é aqui o fundamento para declarar uma vida que vir(á)-a-ser vida a mais. Uma vida que sente, portanto, vida que vive.

É a partir desse entendimento que surge a crítica, a crítica que deseja revelar e desmontar as lentes negadoras de sentido, insípidas, inodoras e insossas, da realidade racista. A beleza da abstração pela expressão musical grita: a crítica só é possível diante da existência. E é a partir dela que reivindicamos nosso lugar fora do horizonte do racismo e da morte.

O afropessimismo é um passeio teórico, político e também musical. Porque, sem dúvida, a transformação e a superação do racismo serão ouvidas e sentidas. É sobre vida: "Se souber onde ela está, digam-me eu vou lá buscá-la".

Vamos lá.

REFERÊNCIAS

RACIONAIS MC'S, "Homem na estrada", *Raio X do Brasil*, 1993.
SILVA, Denise Ferreira da. *A dívida impagável*. São Paulo: Oficina de Imaginação Política/Living Commons, 2019.
WEST, Cornell. *Black Prophetic Fire*. Boston: Beacon Press, 2015.
WILDERSON III, Frank B. *Afropessimismo*. Tradução: Rogerio W. Galindo e Rosiane Correia de Freitas. São Paulo: Todavia, 2021.

LINGUAGEM, INTEMPERANÇA E DIREITO À LITERATURA

O direito que precisa ser buscado

—

PAULO SCOTT

Tendo formação em direito, com alguma investigação mais aprofundada nas áreas do direito constitucional, do direito econômico, do direito financeiro e da filosofia do direito, comecei a perceber, de maneira mais clara nesses últimos anos, a urgência da análise do que se poderia designar por direito na literatura, ou direito pela literatura.

Não é, entretanto, sobre direito pela literatura a abordagem aqui buscada, tampouco sobre o direito em si, como presença prevalente na ética social, na dimensão social de que participam também a moral e as religiosidades e suas explicações e dogmáticas, expressões condutoras das uniformidades, formalidades justificantes, disformidades, irracionalidades travestidas de racionalidades moldadas sob o argumento do temor, do controle e da imposição da ordem, em variados graus de assolamento, reveladoras do impacto do domínio humano sobre o planeta.

O propósito deste breve ensaio, dentro das potencialidades do universo da cultura como expressão humana e mostra da intemperança humana no planeta — relação que se avente entre o termo intemperança e o termo intempérie não será de maneira alguma descabida —, é o de estender atenção à linguagem humana — esse vírus que, na condição de singularidade, consequência de uma presença dominadora sem precedente, amolda patamares díspares de percepção e, portanto, de conscientização de nossa tragédia civilizatória, de nossa aventura humana, desmedida, espoliativa e, neste momento histórico, por que não, apocalíptica — e ao que, dentro dela, se projeta em direção à literatura e à possibilidade emancipadora da literatura e, por consequência, do acesso a ela. Para tanto se considerará o texto "O direito à literatura", de Antonio Candido, parte da coletânea de ensaios *Vários escritos*.

Busca e cissura

Para que o espaço de diálogo entre direito e literatura, realidades próximas, ambas operadas pela linguagem, se estabeleça — e aconteçam dois de seus desdobramentos de maior visibilidade, que são o direito na literatura e o direito como literatura, ainda que no Brasil estejam em etapa incipiente —, há de se transitar — e nele, neste outro espaço, buscar a superação da resistência existente, dadas as idiossincrasias históricas totalitárias de nosso país, ex-colônia de Portugal, em relação ao que está posto e em relação ao que, dentro da tradição de país-colônia, está pressuposto, quanto à efetivação dos direitos humanos — pelo direito à literatura.

Atrelada ao milagre da linguagem, a literatura se viabiliza pela dinâmica consubstanciada na concepção da escrita e, sobretudo, na singular inteireza da leitura. Nela, ganha proporção um rearranjo de espelhos, desvelamentos de espelhos, todo um encadeamento fundante de novos olhares sobre a existência, acumulando avanços em torno de melhores compreensões sobre o que poderia ser a ocupação desse espaço, o da humanidade, um espaço cuja reafirmação, a partir de certa altura, se dá em função da linguagem mais do que em razão de outros fatores.

Não se busca atribuir à literatura uma função que ela não tem. Tomando como ponto de partida a reflexão de Antonio Candido — e dentro da consciência do resultado devastador das soluções sociopolíticas ditas civilizatórias em relação à natureza, às outras espécies de animais na natureza e, no que diz respeito à exploração, à reificação geral e cegante, ao descarte de mulheres e homens, das mulheres e homens matáveis, pelos que hegemonizam o poder —, desloca-se, todavia, ao centro da análise a necessidade de sensibilização (e, reitere-se, conscientização em relação às problemáticas sociopolíticas) quanto aos rumos assumidos pela humanidade. Sensibilização essa que poderá se dar por meio da arte, da literatura e das mediações passíveis de serem ofertadas a partir dela.

Tal sensibilização é, de certo modo, auspício que se articula no sentido da ampliação de leituras capazes de, por um lado, aperceber quanto é limitado o acesso às indagações essenciais relacionadas à manutenção da opressora presença humana no planeta, aos acirramentos condicionados a partir, por exemplo, da Revolução Industrial, e, por outro, de aperceber quando seria bem-vinda uma universalidade de pessoas mais bem informadas, mais aptas a provocar, a subverter, seus destinos, a chegar a um querer, um programar-se, que contemple não o proveito individual, mas o coletivo, não a primazia humana sobre todas as outras formas de vida, mas o equilíbrio entre a presença humana e o que ela ainda não consegue afetar de forma absoluta na natureza, como consequência — e isso não é um paradoxo — da eliminação, do atenuar, do seu status de pessoas oprimidas.

A linguagem que se possibilita na literatura requer um esforço cognitivo cujos efeitos — para muito além da perspectiva cultural europeia, da primazia da escrita e da leitura, que ela consagra, em contraposição, por exemplo à tradição oral ameríndia de circulação da cultura, do conhecimento — são reconhecidos como únicos quando está em questão compreender melhor o lugar do outro, a condição humana e seu aniquilamento em face do predomínio do, a princípio, incontornável interesse econômico, da lógica econômica sempre cissurada do capitalismo, em face de cenários de desenfreada e descomedida expansão que impedem que os seres humanos sejam mais do que mera funcionalidade, mais do que peças descartáveis em um permanente jogo de apostas, de usurpação, extirpação, descarte.

Nesse sentido, é o seguinte trecho do ensaio de Candido:

> [...] durante muito tempo acreditou-se que, removidos uns tantos obstáculos, como a ignorância e os sistemas despóticos de governo, as conquistas do progresso seriam canalizadas no rumo imaginado pelos utopistas, porque a instrução, o saber e a técnica levariam necessariamente à felicidade coletiva. No entanto, mesmo onde estes obstáculos foram removidos a barbárie continuou entre os homens.

Estar no planeta e explorá-lo de maneira irracional e destrutiva passa pela criação de obstáculos impeditivos — aos corpos humanos explorados, reificados, submetidos — do acesso a narrativas que revelem uma consciência emancipadora da sua condição, dos corpos explorados, destravando seu protagonismo negado. Se é tudo linguagem, também no espectro do jogo econômico e bélico de todas as contextualizações, é no emprego da linguagem, e na linguagem acolhida e desenvolvida pela literatura, que podem estar as soluções.

Busca e emenda

No Brasil, há uma luta permanente, marcada por mais derrotas que vitórias, pela busca da ampliação da noção de dignidade humana — no texto constitucional vigente, a dignidade da pessoa humana é quase uma projeção extraterrestre, improvável, em face dos diuturnos movimentos políticos na direção do retrocesso, da restauração da ótica colonialista, como aconteceu, após o golpe político de 2016, dado com o apoio das elites econômico-financeiras nacional e estrangeiras e das Forças Armadas, em relação aos direitos mínimos dos trabalhadores, em face da criminosa flexibilização das barreiras direcionadas aos processos de degradação ambiental que afeta, reitere-se, a humanidade e os demais seres no planeta —, e a visão hegemonizadora consegue tachar, invisibilizar, desacreditar as leituras que expõem essa inércia tão nociva.

Imagino que, em algum momento, a literatura pudesse arbitrar, em perspectiva dialética, um debate público em que se essa noção de dignidade fosse enfrentada e reassumida, reassunção de um rumo até então apenas prometido — o que em face da tragédia colonial brasileira e sua lógica que ainda ecoa não é pouco —, como compromisso geral. Também a esse respeito é notável o registro de Candido:

> [...] pensar em direitos humanos tem um pressuposto: reconhecer que aquilo que consideramos indispensável para nós é também indispensável para o próximo. Esta me parece a essência do problema, inclusive no plano estritamente individual, pois é necessário um grande esforço de educação a fim de reconhecermos sinceramente este postulado. Na verdade, a tendência mais funda é achar que nossos direitos são mais urgentes que os do próximo.

A encampação de uma ética que permita o acesso à dignidade, ou às dignidades possíveis dentre as tantas violências, passa por esse questionamento e mais adiante passa por descobrir o que é faltante em nosso modo excludente de funcionar, passa por emendar a inércia acima apontada — o que nela se normalizou, se naturalizou, mesmo sendo absurdo, apocalíptico, desumano —, passa por emendar a solução da desigualdade e seus pontos extremos. O que precisa se resolver no plano da linguagem, dos imaginários que por ela podem ser despertados fixando novas referências do possível, circunscrevendo, mesmo pelo contraste da visualização da violência, aquela nossa violência estrutural, o utópico para abraçá-lo, para incorporá-lo ao debate.

Ainda em Candido: "A literatura confirma e nega, propõe e denuncia, apoia e combate, fornecendo a possibilidade de vivermos dialeticamente os problemas. Por isso é indispensável tanto a literatura sancionada quanto a literatura proscrita; a que os poderes sugerem e a que nasce dos movimentos de negação do estado de coisas predominante". E adiante: "Ela não *corrompe* nem *edifica*, portanto; mas, trazendo livremente em si o que chamamos de bem e o que chamamos de mal, humaniza em sentido profundo, porque faz viver". Por fim: "Quer percebamos claramente ou não, o caráter de coisa organizada da obra literária torna-se um fator que nos deixa mais capazes de ordenar a nossa própria mente e sentimentos; e, em consequência, mais capazes de organizar a visão que temos do mundo".

Negar a fruição da arte, da literatura, do conhecimento é mutilar nossa humanidade, parafraseando Antonio Candido; introduz-se a percepção de que essa humanidade-presença, também nesses tempos humanidade-despedida, ocupará o centro das próximas décadas e marcará o século XXI, na medida em que a precarização se apresenta como solução justa, adequada, despudoradamente aceitável e padrão, e, junto com ela, a eliminação de direitos e garantias. Os debates sobre a tributação dos livros, a retirada das cotas para pessoas indígenas e negras, a redução da maioridade penal, a criminalização de quaisquer protestos sob a tipificação de terrorismo, a condenação da arte — a arte do outro, a arte do inimigo —, a eliminação institucional do direito de respirar para alguns, para muitos.

Busca e partida

Um país, uma sociedade, um governo, precisa entender que sua própria existência, a partir da lógica de acelerado consumo do planeta, estabelece, sob qualquer ângulo, uma dinâmica, um trajeto, de não retorno, uma partida. Na preocupação e no registro de Antonio Candido está uma solução para um modo de interromper essa inércia. Se essa presença e esse avanço são irreparáveis justo pela falta de visibilidade do problema, pela falta de debate, a solução poderia estar na chamada de um número maior de agentes à participação, à ocupação do protagonismo, por meio de um debate público nunca ocorrido, mediado pela arte, pela literatura, porque disso, desse acolhimento, vem o engajamento, vem a responsabilidade.

Há etapas para chegar a essas consciências; a literatura é uma delas, mas, como já explicitado, há outras tantas etapas para chegar à literatura, à sua dimensão mais complexa. A presença humana passará pelo acirramento das leituras divergentes a respeito do futuro e da afirmação da dignidade da existência que, para se realizar, precisa avançar no alcance de melhores condições, muito além das mínimas condições, para os que são excluídos. E tudo isso passará pela inevitável revisão dos direitos — da qual participarão os que não querem direito nenhum aos outros, mas também os que sabem que, sem direitos aos outros, a todas e todos, não haverá, para quem quer que seja, direito nenhum.

REFERÊNCIA

CANDIDO, Antonio. "O direito à literatura". *In: Vários escritos.* 6ª ed. Rio de Janeiro: Ouro sobre Azul, 2017.

NAS FRONTEIRAS DO HUMANO E DO NÃO HUMANO

Vozes animais na ficção

—

MARIA ESTHER MACIEL

O que uma ursa, caso tivesse acesso à linguagem verbal, escreveria sobre um romance que encena ficcionalmente os "eus" de três ursos-polares de três diferentes gerações familiares, em suas relações com diversos integrantes da espécie humana? Será que ela desqualificaria o olhar de quem escreveu o livro, pelo simples fato de esse não ter sido escrito por um animal não humano? Será que o refutaria a partir de seu próprio ponto de vista sobre o que é narrado?

Talvez ela pudesse se divertir com o que foi narrado, rir da nossa incompetência em sondar a vida íntima dos ursos. Ou ficar indignada tanto pelas coisas que estão lá expostas indevida ou erroneamente, quanto pelas que *não* estão e deveriam estar. Em última hipótese, ela não teria entendido nada que está no livro, já que sua lógica não é a mesma da pessoa que se dispôs a entrar na interioridade dos ursos para relatar, na perspectiva deles, as experiências que viveram.

Tais especulações, que não se dissociam de toda uma discussão transdisciplinar sobre as diferenças e semelhanças, interações e embates, afinidades e dissonâncias entre seres humanos e não humanos, são inevitáveis quando se trata de literatura. Adotar o ponto de vista de uma alteridade radicalmente outra é enfrentar o não sabido e demanda um salto, ainda que imaginário, para o outro lado da fronteira. Cabe a quem se propõe a isso um intenso exercício de imaginação e empatia, de forma que a sondagem das subjetividades alheias possa ser feita e traduzida em palavras. Ainda assim, é impossível saber os reais sentimentos e pensamentos desses "outros mais que outros" que buscamos traduzir. Se a animalidade é o que aproxima o humano de outros animais, cada espécie e cada espécime têm seus próprios graus de complexidade e singularidade.

Vale evocar, sob esse prisma, a célebre sentença "se o leão pudesse falar, nós não o entenderíamos", que o filósofo austríaco Ludwig Wittgenstein formulou a partir de uma frase de Ovídio, segundo a qual "se o animal falasse, nada diria". Ou seja, ele reconhece que a lógica que atravessa a linguagem humana não é a mesma que atravessaria as palavras de um não humano caso este pudesse falar como nós. Se é possível para um escritor supor o que se passa na cabeça de um animal, o que se passa nessa cabeça não condiz necessariamente com o que é descrito ou encenado pelas palavras. Isso se aplicaria também, é claro, à impossível possibilidade de uma ursa entender o que de fato pensamos sobre ela ao transformá-la em personagem/narradora, uma vez que sua apreensão do mundo se insere em um registro inteiramente diverso ao da razão humana.

Mesmo que os estudos contemporâneos de etologia — ramo da zoologia voltado para pesquisas sobre comportamento animal — reconheçam que muitas espécies não humanas são providas de consciência, não é possível, como escreveu o etólogo brasileiro César Ades, "chegar a um conhecimento dos conteúdos desta consciência". Isso porque "as tentativas de se espiar dentro da consciência do animal, traduzindo suas possíveis percepções em percepções humanas", só levam, segundo ele, a conjecturas e metáforas.

De fato, novas e reveladoras descobertas científicas sobre animais de várias espécies têm sido, frequentemente, divulgadas pela ciência, o que não apenas contribui para a desestabilização dos chamados "próprios do homem" que sustentaram e ainda sustentam o antropocentrismo do pensamento ocidental, como também põem em xeque a premissa de que só ao homem pode ser garantido o estatuto de sujeito. Foram, aliás, essas descobertas neurocientíficas e o reconhecimento de que não somos os únicos viventes dotados de subjetividade que levaram o filósofo e etólogo francês Dominique Lestel, em *L'animal singulier*, a caracterizar essa desestabilização (ou abalo sísmico) do antropocentrismo da "quarta ferida do narcisismo humano". Após enumerar as outras três, provocadas, respectivamente, por Copérnico (o ser humano não é o centro do universo), por Darwin (o ser humano é um animal) e por Freud (o ser humano não tem controle sobre o seu inconsciente), ele se atém à mais recente: *não somos os únicos sujeitos do Universo*. Em suas palavras: "Agora a humanidade vive sua quarta ferida narcísica. Não enxergar essa ferida já é um sintoma. Que ela ainda não tenha sido levada em conta é outro sintoma. E a recusa em considerá-la um problema é um terceiro".

Se, por um lado, a abertura da noção de sujeito a indivíduos de outras espécies animais se coloca como um desafio para a humanidade, por outro, nossa razão e nossas investigações científicas não são suficientes para que possamos compreender totalmente essas subjetividades alternativas. Tampouco são bastantes, para essa compreensão, os saberes empíricos de quem interage com os animais de outras espécies, por compartilhar com eles, em um espaço comum, afetos, trocas e interesses.

Na literatura, não são poucos os escritores que buscam habitar, ficcionalmente, a interioridade dos bichos, para depois "traduzi-la" em linguagem humana. Cientes de nossa incapacidade de rastrear, por vias racionais, os saberes, sentimentos, pensamentos e percepções desses outros, valem-se da empatia e da imaginação para atribuir-lhes uma voz e um espaço narrativo.

Dessa maneira, esses autores buscam também desafiar a natureza antropocêntrica que determinou grande parte da ficção ocidental de todos os tempos, avançando e reinventando as contribuições de escritores animalistas do passado que retiraram os animais do mero papel de símbolos, alegorias e metáforas a serviço dos valores humanos. Daí que a zooliteratura das últimas décadas tenha dado, por vias bastante instigantes, uma centralidade maior às vidas animais, fora dos limites exclusivos do antropocentrismo e à luz das reflexões contemporâneas sobre os problemas éticos, políticos e ecológicos que incidem nas nossas relações com esses outros viventes.

Essa mudança de parâmetros no trato ficcional dos sujeitos não humanos tem possibilitado, ainda, o surgimento de novas estruturas narrativas e modalidades de expressão, bem como a reconfiguração dos próprios conceitos de humano, humanidade e humanismo.

Esse é o caso, por exemplo, de obras ficcionais de viés (auto)biográfico que possuem como protagonistas animais não humanos, como a que serviu de ponto de partida para as indagações feitas no primeiro parágrafo deste ensaio: o romance *Memórias de um urso-polar*, da japonesa Yoko Tawada, publicado originalmente em 2014, com edição brasileira lançada em 2019, sobre o qual me deterei mais adiante. A esse livro se somariam diversos outros publicados nas últimas duas décadas, como *F de falcão*, da inglesa Helen McDonald, *Memórias de um porco-espinho*, do congolês Alain Mabanckou.

No entanto, no âmbito dessa abordagem, emerge da própria noção de "biografia" outra questão: mesmo excluídos da ordem do "quem" pelo pensamento legitimado do Ocidente e, portanto, desautorizados à condição de sujeitos, podem os animais não humanos ter suas histórias de vida narradas? Afinal, a biografia, enquanto narração oral, escrita ou visual dos fatos particulares das várias fases da vida de uma pessoa, sempre foi atrelada à experiência humana e consolidada enquanto tal. Só aos homens e mulheres —célebres ou não — é dado o privilégio de ter sua vida biografada, já que a biografia sempre se vinculou a uma noção antropocêntrica de subjetividade e à construção de uma identidade restrita ao humano.

Posto isso, como o espaço biográfico pode abrigar as subjetividades próprias dos textos biográficos centrados em vidas animais? Se consideramos que o "eu", no caso dos bichos, só pode ser imaginado e que a interioridade deles se traduz em palavras graças ao convívio homens-animais, a subjetividade inscrita na biografia, longe de ser autônoma, entra inevitavelmente na esfera da heteronomia — sujeição a uma lei exterior ou à vontade de outrem — e se torna híbrida.

Esses qualificativos "autônomo" e "heterônomo" para designar os sujeitos animais também foram propostos por Dominique Lestel em *L'animal singulier*. Enquanto o sujeito autônomo é dotado de "uma individualidade operacional e das autorrepresentações que disso resultam", a exemplo dos chimpanzés da Tanzânia e dos elefantes do Quênia, o heterônomo se constitui pela interferência ou pelo contágio e pela interferência da espécie humana. Nessa categoria de sujeitos heterônomos estariam os animais domésticos e rurais, os que são levados para zoológicos para uma convivência forçada com tratadores, além dos que são amansados e adestrados em atividades "esportivas" como a falcoaria. São, portanto, seres dotados de uma subjetividade heteróclita, porque atravessada pela convivência direta com os humanos. O que não os impede de desenvolver comportamentos de grande densidade e uma posição ativa dentro de comunidades e grupos interespecíficos. As zoo(auto)biografias resultantes desses viventes não deixam, portanto, de ser igualmente heteróclitas.

É certo que nem todos os textos de ficção centrados em (auto)biografias animais atribuem aos seus protagonistas não humanos o papel de narradores, ainda que o ponto de vista seja deles, como atesta *Flush: uma biografia*, obra medular e precursora de Virginia Woolf no terreno das biografias caninas. O uso do discurso indireto livre sobrepõe na narrativa duas camadas subjetivas: a do cão e a de quem narra a história em terceira pessoa. O cachorro Flush, assim, conduz todo o movimento da narração, visto que a narradora nele se cola o tempo todo para expressar o que ele vê, sente, pensa e imagina, num processo de tradução interespécies.

Essa estratégia foi reinventada, muitos anos depois, por outros escritores, como Paul Auster, que, em *Timbuktu*, elege como protagonista um vira-lata, cuja vida é contada por meio de recursos narrativos de Woolf. Apesar de Auster não ter incluído a palavra "biografia" no título, como fez a escritora inglesa, e nem sabermos se de fato o vira-lata Mr. Bones existiu, não há como negar seu caráter de biografia ficcional, já que ele vem evidenciar que os cães de rua também são dignos de ter suas histórias de vida contadas.

Essas e outras narrativas que privilegiam o ponto de vista animal com propósitos (auto)biográficos valem-se sempre da via da "tradução". Como foi dito, uma vez que os seres não humanos são incapazes de falar em primeira pessoa e relatar a própria história como sujeitos autônomos, essa função de capturar o que eles *não* dizem em palavras é atribuída a um intérprete que lhes é próximo, o qual exerce também o papel de "tradutor".

Graças a esse trabalho de "tradução", o exercício (auto) biográfico torna-se possível sem que a identidade do biografado seja prejudicada, pois, como ainda defende Lestel, mesmo não conseguindo dizer "eu" e dependendo de uma terceira pessoa para que sua vida seja contada, o sujeito animal é capaz de ter uma identidade:

> Não é porque falta ao animal o acesso às histórias nas quais ele aparece que sua vida não é fundamentalmente determinada pelo uso que os humanos fazem dessas histórias. Um animal tem uma identidade porque muitas coisas importam

para ele, e porque várias dessas coisas também importam aos humanos com quem compartilham sua vida.

O exercício de biografar se inscreve, assim, na ordem do interespecífico, passando a abrigar as subjetividades híbridas resultantes desse esforço de tradução. Para tanto, torna-se necessário ajustar cronologias de vida e vozes/tempos narrativos. E é nesse sentido que a biografia animal não deixa de ser sempre uma construção humana.

Os ursos heterônomos de Tawada

No que tange especificamente a *Memórias de um urso-polar*, estamos diante de uma complexa rede de vidas humanas e não humanas, na qual zoo(auto)biografia e ficção literária se imbricam de maneira inusitada. Conjugando personagens/situações reais e inventadas, sem se furtar tampouco ao uso de elementos oníricos, Yoko Tawada surpreende, o tempo todo, a expectativa dos leitores. Para não mencionar os deslocamentos temporais, espaciais e culturais presentes ao longo do livro, somados a diferentes registros linguísticos e "sotaques" da escrita.

Várias indagações permeiam, silenciosamente, as páginas do romance, como estas: até que ponto uma treinadora de circo é capaz de trespassar os limites de sua própria espécie para habitar o corpo do animal que ela adestra e vivenciar outra subjetividade que não a humana? Em que medida uma ursa-polar, em intrínseca relação com os humanos, pode escrever um relato pessoal sobre sua vivência com eles e ter um ponto de vista sobre o mundo e a humanidade? O que os animais aprisionados em circos e zoológicos podem nos dizer sobre as relações de controle que constituem nossa sociedade, e vice-versa?

Com seu olhar multifacetado de escritora japonesa radicada na Alemanha, que escreve em duas línguas (às vezes simultaneamente) e cultiva uma forte ligação com a literatura russa, Yoko Tawada não responde necessariamente a tais perguntas, embora nos conte muito mais do que sabe sobre elas ao desdobrá-las em outras não menos instigantes e perturbadoras.

Em três partes ao mesmo tempo complementares e avulsas, o romance traz a história real do pequeno urso-polar Knut, que, rejeitado pela mãe ao nascer, é criado por humanos no Zoológico de Berlim, tornando-se uma celebridade mundial. Antes, porém, de se deter nessa história, a escritora traz à tona as (auto)biografias da avó e da mãe do urso abandonado, que também viveram em espaços de confinamento em diferentes países, foram submetidas à exploração em circos e zoológicos europeus e mantiveram complexas relações com a nossa e outras espécies animais. Ou seja, Tawada compõe três (auto)biografias ficcionais de ursos em um só livro, a partir de um engenhoso entrelaçamento de mundos humanos e não humanos, criando um intrincado jogo entre primeira e terceira pessoas narrativas. Com isso, ela se dá a tarefa de "traduzir" em palavras o que imagina se passar na esfera íntima dos animais, ao mesmo tempo que reavalia os conceitos cristalizados de humanidade e de humanismo. E, como se não bastasse, ainda discute as deploráveis consequências do aquecimento global e das catástrofes ambientais para a vida do planeta.

Sabe-se que essa estratégia de dar voz aos bichos, fora dos moldes estabelecidos pelas fábulas animais da tradição ocidental, hoje em expansão na literatura de diferentes partes do mundo, teve Franz Kafka como um dos principais precursores, sobretudo se consideramos, entre outros textos, contos como "Investigações de um cão" e "Um relatório para uma academia" — este, uma forte referência para o romance de Tawada.

No que tange especificamente a esses dois contos, vale lembrar que os narradores são os próprios animais, que contam sua vida e expressam pensamentos/sentimentos sobre o que viveram num mundo controlado pela soberania humana. O antropomorfismo, em ambos, é explícito, mas, diferentemente das fábulas, dos bestiários e outras histórias da tradição zooliterária ocidental, inscreve-se na ordem dos paradoxos e das interseções, sem se colocar exclusivamente a serviço de metáforas e alegorias pertinentes à vida humana.

Pedro Vermelho, o macaco de "Um relatório para uma academia", sob esse prisma, não está ali apenas para representar outra coisa que não ele mesmo, mas aparece literalmente como um símio que foi capturado na Costa do Ouro durante uma expedição de caça — algo que ele soube através de relatos de terceiros —, confinado numa jaula, levado para a Alemanha e entregue a adestradores (ou professores). Lá, foi submetido a um processo de humanização e aprendeu a língua alemã, pois a única saída que encontrou para si mesmo foi imitar os humanos. Em certo ponto do relato, ele diz:

> Naturalmente só posso retraçar com palavras humanas o que então era sentido à maneira de macaco e em consequência disso cometo distorções; mas, embora não possa mais alcançar a velha verdade do símio, pelo menos no sentido da minha descrição ela existe — quanto a isso não há dúvida.

Trata-se de uma palestra sobre suas experiências pessoais, não desprovida de uma grande dose de ironia, sobretudo quando Pedro se desculpa perante a plateia, alegando que, por ter aprendido com sucesso a imitar os humanos, já é incapaz de falar como o macaco verdadeiro que vivenciou toda a história. Como "um animal marcado e ferido apresentando-se como testemunha diante de uma plateia de acadêmicos", ele tomou para si realizar, segundo pontuou a personagem/escritora Elizabeth Costello em *A vida dos animais*, de J. M. Coetzee, "a árdua descida do silêncio dos animais para a tagarelice da razão".

No romance de Tawada, é explícito o trabalho de retomada/reinvenção do escritor tcheco, que, assim como a escritora, migrou para a Alemanha e passou a escrever numa língua que não era a sua e, por isso, sustenta a própria estranheza. Os dois, cada um à sua maneira, retomam as antigas fábulas a partir de uma nova consciência dos limites/liames entre as espécies, o que faz do antropocentrismo uma intrigante via de acesso à animalidade que nos constitui.

Essa afinidade se explicita na primeira parte do livro, "Teoria da evolução da avó", na qual a avó ursa, que nunca é mencionada pelo nome, detém a voz narrativa para escrever a própria história, expondo as experiências com seu treinador de circo em Moscou, a ida para a Alemanha Oriental, o casamento e o nascimento da filha, Toska, no Canadá, seguidos pelo retorno à Alemanha. Já nas primeiras páginas, a matriarca relata ter participado de um congresso sobre "a importância da bicicleta para a economia nacional", o qual caracteriza como "desinteressante". Conta que, depois da palestra a que assistiu, levantou a pata para se manifestar, "jogando a palavra 'Eu' em cima da mesa".

Com os quadris dançantes sobre a cadeira, começou a falar ao público, sendo que, em suas palavras, "cada sílaba acentuada era como uma batida em um tamborim, que ritmizava minha fala". Descrevendo as diferentes reações de pessoas da plateia diante de sua exposição, chega à seguinte conclusão: "Isto é um circo. Toda conferência é um circo". A partir desse pequeno "relatório da academia" é que ela entra efetivamente na escrita/exposição de sua história pessoal enquanto ursa, recebendo uma incumbência editorial de escrever sua autobiografia, sem deixar de participar de outros congressos e conferências, bem como de almoços de negócios com os convidados oficiais do circo a que estava ligada.

A certo ponto da narrativa, quando ela, já na Alemanha, comprou um livro de Kafka e leu "Um relatório para a academia", expõe suas impressões sobre o conto: "Infelizmente, preciso admitir que achei interessante aquela história do macaco. Mas o interesse podia ter diferentes origens, até mesmo a raiva podia tê-lo causado. Quanto mais eu lia, mais descontrolada ficava minha raiva, e eu não conseguia parar de ler".

Sua irritação com o símio teve a ver com a decisão dele de "querer se transformar em gente, e além de tudo falar sobre sua própria transformação", o que a levou a imaginar, com muita inquietação, o macaco "macaqueando um ser humano". Sua implicância, percebe-se, recai sobretudo no fato de o símio ser um bípede, alegando que "não é nenhum progresso andar sobre duas pernas". Tal antipatia a leva, mais adiante, a constatar: "Se tivesse lido aquele relato antes, teria escrito minha autobiografia de forma totalmente diferente". O que nos leva a supor que a autobiografia que escreveu tinha algo da de Pedro Vermelho.

Páginas depois, reencontramos o conto kafkiano numa passagem em que a ursa o comenta com o livreiro Friedrich, dizendo se tratar de uma história interessante, embora não tenha conseguido acompanhar bem o pensamento do macaco e tê-lo achado ridículo por imitar os humanos. Toda uma discussão sobre Pedro Vermelho se inicia a partir dessa cena, desdobrando-se em considerações sobre Darwin e os homens da espécie *Homo sapiens*. Tudo engenhosamente encaixado na própria história da ursa. "Investigações sobre um cão", por outro lado, a leva a se conciliar um pouco com a espécie canina — pela qual sempre teve certo preconceito — por descobrir com Kafka que um cão pode ter "uma mente inquisitiva". Seus comentários mais incisivos sobre esse conto aparecem mais adiante, quando começa a especular sobre seu próprio trabalho como escritora. O fato de o cão de Kafka, segundo ela, estar preocupado com o presente e não se propor a criar um pretérito plausível, levou-a a se questionar sobre seu próprio empenho em forjar "um passado que soe autêntico".

Vê-se, nessas e outras passagens, uma evocação irônica e bem-humorada dos animais kafkianos, o que reforça a incidência da obra desse escritor na composição de *Memórias de um urso-polar*, em interseção com outras referências oriundas da literatura russa, das fábulas animais e da tradição fantástica japonesa, entre outras.

Não vou resumir ou parafrasear aqui os acontecimentos que perpassam as histórias presentes em *Memórias de um urso-polar*, embora alguns dados — como os que se referem ao processo de composição do livro e sobre a relação entre espécies — sejam relevantes para o tema abordado neste ensaio. Cada uma das partes do volume tem sua incisiva importância no conjunto, sobretudo pelas peculiaridades narrativas. Se, na primeira, a avó ursa detém a voz narrativa para escrever a própria história, na segunda parte, por sua vez, duas personagens assumem a dicção: Toska e sua treinadora, Bárbara. Dada a interação entre a ursa e a mulher, inclusive nos sonhos, fica difícil saber onde termina a narração de uma e começa a da outra. Daí ser possível cogitar se a autobiografia de Bárbara não passaria de um relato escrito pela ursa a partir do ponto de vista de sua amiga humana.

Já na terceira parte, "Em memória do polo Norte", temos acesso à vida de Knut, o ursinho nascido no Zoológico de Berlim, renegado pela mãe e transformado em celebridade. Mantendo uma estreita relação com seu treinador e com outros animais, ele só é capaz de se comunicar com os não humanos. A voz narrativa se inicia em terceira pessoa, mas, a partir de certo ponto, um "eu" se impõe. Isso nos leva a pressupor que o urso detém todo o processo de narração, mesmo quando se coloca como um "ele" para contar episódios de sua vida, falar sobre os demais animais e os cuidadores do zoológico. Depois, ao conseguir, a duras penas, se assumir como um sujeito, passa a adotar a primeira pessoa. Com esses artifícios, Tawada conjuga perspectivas diferentes, podendo confundir ou até mesmo frustrar, estrategicamente, seus leitores.

Trata-se, portanto, de uma escrita nômade, sem morada fixa, que se move continuamente entre pontos de vista, línguas, linguagens, culturas e espécies. Questionando os zoológicos, circos e quaisquer espaços de confinamento e exploração dos seres não humanos, a escritora transita entre o real e o absurdo para abordar os contágios recíprocos entre os mundos animais, pondo em xeque os saberes legitimados sobre a esfera zoo e, por extensão, nos levando a pensar sobre os limites de nossa própria humanidade.

REFERÊNCIAS

ADES, César. "O morcego, outros bichos e a questão da consciência animal", *Psicologia USP*, v. 8, n. 2, 1997, pp. 129-58.

AUSTER, Paul. *Timbuktu*. Tradução: Rubens Figueiredo. São Paulo: Companhia das Letras, 1999.

COETZEE, J. M. *A vida dos animais*. Tradução: José Rubens Siqueira. São Paulo: Companhia das Letras, 2002.

FONTENAY, Élisabeth & PASQUIER, M-C. *Traduire le parler des bêtes*. Paris: L'Herne, 2008.

KAFKA, Franz. "Investigações de um cão". *In: Narrativas do espólio*. Tradução: Modesto Carone. São Paulo: Companhia das Letras, 1997, pp. 74-95.

_____. "Um relatório para uma academia". *In: Um médico rural*. Tradução: Modesto Carone. São Paulo: Companhia das Letras, 2003.

KREBBER, André & ROSCHER, Mieke (orgs.). *Animal Biography: Re-Framing Animal Lives*. Londres: Palgrave Macmillan, 2018.

LESTEL, Dominique. *L'animal singulier*. Paris: Seuil, 2004.

MABANCKOU, Alain. *Memórias de porco-espinho*. Tradução: Paula Souza Dias Nogueira. Rio de Janeiro: Malê, 2017.

MACDONALD, Helen. *F de falcão*. Tradução: Maria Carmelita Días. Rio de Janeiro: Intrínseca, 2016.

MACIEL, Maria Esther. *Literatura e animalidade*. Rio de Janeiro: Civilização Brasileira, 2016.

_____. "Escritora reinventa Kafka em *Memórias de um urso-polar*", *Folha de S.Paulo*, 21 jul. 2019.

_____. "Livros adotam ponto de vista animal para discutir a ética humana", *Folha de S.Paulo*, 8 set. 2019.

SAFINA, C. *Beyond Words: What Animals Think and Feel*. Nova York: Henry Holt & Company, 2015.

SELIGMANN-SILVA, Márcio. "Um novo relatório para a academia ou nós, os animais, na obra de Franz Kafka", *Suplemento literário de MG*, dossiê Animais Escritos, Belo Horizonte: Imprensa Oficial, set./out. 2010, pp. 10-3.

TAWADA, Yoko. *Memórias de um urso-polar*. Tradução: Lúcia Collischonn de Abreu e Gerson Roberto Neumann. São Paulo: Todavia, 2019.

WOLFE, Cary (org.). *Zootologies: The Question of the Animal*. Minneapolis: University of Minnesota Press, 2003.

WOOLF, Virginia. *Flush: A Biography*. Londres: Penguin, 1977.

SOBRE OS OSSOS DOS MORTOS

Um ensaio sobre o romance de Olga Tokarczuk

—

FABIANE SECCHES

Uma mulher vive sozinha no meio da floresta, numa pequena vila na fronteira da Polônia com a República Tcheca. Quando um de seus vizinhos morre engasgado com o osso de uma corça que havia cozinhado para o jantar, uma série de crimes e acontecimentos estranhos passa a se desenrolar na região, mobilizando os poucos habitantes do local, que se veem envolvidos numa trama policial tragicômica. A partir dessa premissa, a escritora polonesa Olga Tokarczuk, laureada com o Prêmio Nobel de Literatura de 2018, construiu uma das obras mais interessantes e originais do início do nosso século. O enredo de *Sobre os ossos dos mortos* segue os passos de sua narradora, a sra. Janina Dusheiko — do polonês Duszejko, algo como "pequena alma" *(dusza)*.

O romance, que tem sido lido como uma fábula filosófica sobre a vida e a morte, também é um suspense policial e uma espécie de comédia de erros. Narrado em primeira pessoa pela sra. Dusheiko, *Sobre os ossos dos mortos* pede de quem o lê um exercício de alteridade radical, pois, para acompanhá-la em seus afetos e raciocínios peculiares, é preciso que estejamos dispostos a nos aproximar de seu mundo interno um tanto singular, de sua lógica própria. Em resenha publicada na *Folha de S.Paulo*, a crítica Camila von Holdefer escreve que "Tokarczuk providencia um mergulho completo na subjetividade da personagem. Mais do que uma narrativa tradicional em primeira pessoa, a autora constrói um mundo interno que depende não só de uma linguagem própria, mas de uma espécie de (por mais absurdo que possa parecer) mitologia privada".

A protagonista de *Sobre os ossos dos mortos* se entende melhor com os animais do que com a maior parte das pessoas e, também por isso, confronta os leitores com teorias no mínimo inusitadas. Muitas dessas passagens acabam sendo cômicas, mas, em outros momentos, a narradora parece enxergar o mundo com uma lucidez tão rara que, talvez por isso, acaba se assemelhando à loucura: "Às vezes eu acho que apenas os doentes são de fato sãos".

A sra. Dusheiko é uma professora aposentada que passou a dar aulas de inglês para crianças, que ainda estariam abertas a outras formas de perceber e conhecer o mundo. Para ela, os adultos estão muito absortos numa cultura que nos contorna e nos engessa, a ponto de perderem a capacidade de ver e de pensar por conta própria, segundo outros paradigmas:

As crianças sempre me atraíram mais do que os adultos, pois eu também sou um pouco infantil. Não há nada de errado com isso. O importante é que estou ciente. As crianças são flexíveis e maleáveis, abertas e despretensiosas. E não se ocupam com as conversas-fiadas com as quais qualquer adulto consegue complicar sua vida. Infelizmente, com o passar do tempo, elas se entregam cada vez mais ao domínio da razão, virando, segundo as palavras de Blake, cidadãos do Ulro. Assim, torna-se cada vez mais difícil orientá-las para o caminho certo de uma forma tão natural. Por isso, me agradavam apenas as crianças pequenas. [...] Eu as via endurecendo ao entrarem na adolescência e se sujeitarem a serem iguais aos outros. Poucos indivíduos ainda travavam lutas internas, se debatiam contra esse novo estado das coisas, mas, enfim, quase todos sucumbiam.

A última frase é uma espécie de síntese do trecho: "Poucos indivíduos ainda travavam lutas internas, se debatiam contra esse novo estado das coisas, mas, enfim, quase todos sucumbiam". Pois, para a narradora, nem mesmo aos nomes que recebemos deveríamos nos conformar. Por isso, prefere escolher apelidos que se encaixem melhor às pessoas e às coisas. Em seu entorno, tudo está sempre em revista, ou tudo está sendo visto como se pela primeira vez — e cada coisa a maravilha, abisma, enternece ou indigna. Ela está à procura de outra epistemologia.

Durante o inverno rigoroso na Polônia, a sra. Dusheiko também é responsável por cuidar das casas dos vizinhos, que preferem passar a estação aquecidos na cidade, as quais acabam tomadas por animais — uma delas por uma grande família de morcegos, outra por um grupo de martas: "As martas são belos animais. Poderiam estar no meu brasão, caso surgisse essa necessidade. Parecem ligeiras e inocentes. Contudo, apenas aparentemente. Na realidade, são criaturas perigosas e astutas". Nesse trecho, ela também parece estar falando algo de si mesma, numa espécie de antecipação do que virá, uma vez que vai se tornando uma figura cada vez mais complexa e ambivalente.

Sua indignação em relação ao tratamento que os animais e a natureza recebem dos seres humanos ocupa algumas das principais passagens do livro, como em "O ser humano tem uma grande responsabilidade com os animais selvagens — ajudá-los a sobreviver —, e, quanto aos domesticados, retribuir seu amor e carinho, pois eles nos dão muito mais do que recebem. É preciso que eles vivam sua vida dignamente". Em outros trechos, chega a estabelecer uma relação entre a violência praticada contra os animais e a violência praticada nos campos de concentração, equiparação sempre controversa, principalmente por uma crítica e por um grupo de leitores que interpretam no elo um rebaixamento do humano, pois deveria haver uma hierarquia entre o campo da humanidade e o campo da animalidade.

Embora essa seja uma leitura bastante consolidada, podemos dizer que até mesmo predominante, existe uma corrente crítica que propõe outra interpretação, pressupondo uma revisão epistemológica: se não há hierarquia entre os campos, a comparação não se dá por meio de um rebaixamento do humano, mas de uma elevação dos animais a uma condição diferente da que costumam ocupar na cultura: a condição de nossos pares. Por esse viés, estaríamos lendo mal, porque apoiados em conceitos equivocados, que perpetuam uma visão de mundo humanista, que já se mostrou limitada e insuficiente. Portanto, antes de tudo, seria necessário fazer uma crítica da crítica e se valer de um repertório teórico atualizado, talvez pós-humanista.

Dizer que os animais e a natureza são nossos pares, com os quais coexistimos — no lugar de dominarmos —, não significa, porém, que os conheçamos tão bem quanto conhecemos a nós mesmos, nem que não existam diferenças importantes que precisam ser consideradas. Em *Literatura e animalidade*, a pesquisadora e crítica literária Maria Esther Maciel ressalta que:

> Os animais, sob o olhar humano, são signos vivos daquilo que sempre escapa a nossa compreensão. Radicalmente outros, mas também nossos semelhantes, distantes e próximos de nós, eles nos fascinam ao mesmo tempo que nos assombram e desafiam nossa razão. Temidos, subjugados, comidos, torturados, classificados, humanizados, eles não se deixam, paradoxalmente, capturar em sua alteridade radical. [...]
>
> Mas o que é humano e o que é animal? Se a ciência e a filosofia ocidentais se arrogaram a responder tais perguntas com base em critérios forjados em nome da racionalidade e

da chamada "máquina antropológica do humanismo", outras possíveis respostas — fora das circunscrições do conhecimento filosófico-científico legitimado — podem ser encontradas no campo do imaginário e nos espaços alternativos do saber humano, nos quais a palavra animal ganha outros matrizes, inclusive socioculturais.

No que tange à literatura, por exemplo, sabe-se que as tentativas de sondagem da alteridade animal nunca deixaram de instigar a imaginação e a escrita de poetas e escritores de diferentes épocas e procedências.

Se de um lado essas tentativas não deixaram de instigar obras literárias, de outro esbarram em um conjunto de postulados que já não são suficientes — talvez nunca tenham sido — para tratar o tema com a complexidade que merece. Em alguma medida, talvez sejam convicções defensivas, pois, como afirmou a escritora Toni Morrison no ensaio "Ser ou tornar--se o estrangeiro", publicado na antologia *A origem dos outros*, o "[...] processo de identificação do estrangeiro tem uma reação esperada: um medo exagerado do outro", seja quem for que vier a ocupar essa categoria "outro". Em um contexto diferente, mas em alguma medida análogo, Morrison diz que "o risco de sentir empatia pelo estrangeiro é a possibilidade de se tornar estrangeiro". No caso dos animais, um pouco como argumenta o filósofo Jacques Derrida em *O animal que logo sou*, o risco de sentir empatia pelos animais é a possibilidade de se tornar — ou de lembrar que já somos — animais.

No prefácio de *A queda do céu*, de Davi Kopenawa e Bruce Albert, o antropólogo Eduardo Viveiros de Castro ressalta: "Somos representantes quaisquer desse povo bárbaro e exótico proveniente de além-mar, que espanta por sua absurda incapacidade de compreender a floresta, de perceber que 'a máquina do mundo' é um ser vivo composto de incontáveis seres vivos".

Podemos argumentar que a divisão artificial entre cultura (civilização) e natureza (barbárie) cindiria a própria condição humana de maneira equivocada: seguindo essa lógica, nós mesmos estaríamos para sempre cindidos, já que a humanidade pertence a ambos. Em *Ideias para adiar o fim do mundo*, o pensador indígena Ailton Krenak escreve que "[...] fomos nos alienando desse organismo de que somos parte, a Terra, e passamos a pensar que ele é uma coisa e nós, outra: a Terra e a humanidade. Eu não percebo onde tem alguma coisa que não seja natureza. Tudo é natureza".

Em uma entrevista, o antropólogo Bruno Latour, um dos principais teóricos contemporâneos do Antropoceno, fala de sua crítica da crítica, apontando o que considera como deficiência do arsenal teórico tradicional: "Se não conseguíamos jamais explicar a ciência, é porque a ciência não é, ela mesma, social, no sentido de que suas coletividades estão cheias de falhas", diz. Para Latour, essa

> divisão entre natureza e cultura é uma forma de se fazer política, de reunir as coisas em duas coletividades, por razões que vêm da modernidade. Tudo o que eu faço nos estudos da ciência (*science studies*) é mostrar que esse agrupamento de seres a que chamamos natureza, esse amálgama de seres independentes, é uma coletividade mal constituída. [...] Como agora dissolvemos essa dicotomia entre a natureza e a sociedade, nos restam coisas interessantes a fazer, como investigar suas associações, suas conexões e suas políticas de agrupamento: isso é o que me interessa. [...] A partir do momento que as duas grandes "coletividades" da tradição modernista, a sociedade e a natureza, foram diluídas, quero dizer, redistribuídas e divididas por causa das crises práticas da ecologia, a noção de reunião ou reconstituição desses coletivos — sejam eles humanos ou não humanos — tornou-se a questão política mais importante. A separação entre esses dois conjuntos era, antes também, uma questão política.

De volta ao romance de Tokarczuk, observamos que, embora sofra de algumas "moléstias" não nomeadas que fragilizam sua saúde, a sra. Dusheiko gosta de estar sozinha, encontrando prazer em pouquíssimas companhias, como a de um antigo aluno querido, Dionísio, a quem chama apenas de Dísio, que acompanha/orienta na tradução de poemas escritos por William Blake, poeta e artista inglês nascido no século XVIII. O título do romance, *Sobre os ossos dos mortos*, também é retirado de um poema de Blake, assim como as epígrafes que abrem cada capítulo.

No passado, a sra. Dusheiko havia sido engenheira responsável por construção de pontes. Se pensarmos de maneira simbólica, é isso que ela continua fazendo, à sua própria maneira, agora na velhice: construindo pontes que unem mundos separados, quer seja entre dois idiomas (como professora e como tradutora), quer seja como uma espécie de intérprete humana do mundo dos animais, enraivecida pelo tratamento que a humanidade dá a eles e à natureza.

Em meio à narrativa de uma série de assassinatos, que se embaralham numa teia que revela a corrupção de diferentes instâncias de autoridades e empresários locais, de guardas-florestais a policiais, a sra. Dusheiko vai fazendo uma imersão cada vez mais profunda numa crítica que parte de outra epistemologia, outra visão de mundo. Com habilidade, Tokarczuk nos confronta com os nossos próprios pré-conceitos como leitores e com os pré-conceitos normatizados pela cultura ocidental, enquanto também vai tecendo alegorias que representam e emparelham diferentes formas de violência e de desamparo. Sua história funciona em dois planos. Se muito tem se falado dos aspectos simbólicos, lendo o texto como uma fábula, infelizmente é possível encontrar mais elementos concretos e verossímeis do que gostaríamos.

"Um cão com dono e esfomeado/Prediz a ruína do estado", diz um verso de Blake citado no romance, retirado de um dos poemas mais celebrados do autor, "Auguries of Innocence" (Augúrios da inocência). No século XVIII, Blake já observava com desencanto os termos da relação que os seres humanos estabeleceram com os não humanos. Como antecipamos, a própria divisão que coloca cultura (civilização) e natureza em polos opostos já se mostrou muito problemática em seu esquematismo artificial. As catástrofes ambientais e as pandemias virais que permeiam o Antropoceno, como alguns cientistas chamam a era geológica marcada pela ação humana, são sintomas de um mal muito mais antigo e mais profundo.

No romance *A insustentável leveza do ser*, do escritor tcheco Milan Kundera, há uma passagem que se tornou emblemática ao propor uma digressão filosófica de ordem ética que tem relação com o que sondamos aqui: "O verdadeiro teste moral da humanidade (o mais radical, num nível tão profundo que escapa a nosso olhar) são as relações com aqueles que estão à nossa mercê: os animais. É aí que se produz o maior desvio do homem, derrota fundamental da qual decorrem todas as outras". Seguindo esse pensamento, portanto, o verdadeiro teste moral da humanidade — o que ele chama de "mais radical" — são as relações que estabelecemos com aqueles que estão "à nossa mercê".

Para o narrador de Kundera, está aí o maior desvio dos seres humanos: a "derrota fundamental da qual decorrem todas as outras". A reflexão profunda provocada pelo narrador ficaria agora ofuscada diante da gravidade com que as consequências desse fracasso ético, e dos fracassos que se seguem a ele, se impõem. Entusiasmados com a ideia de dominar a natureza para que pudessem se proteger dela, os seres humanos perderam a medida e, há muito, passaram a atacá-la, a destruí-la. Senão por ética, existem muitas outras razões para repensar os termos em que essa relação foi estabelecida. A pandemia que estamos vivendo é apenas uma delas.

"Dou voltas em torno da casa, traço trilhas em sentidos opostos. Acontece de eu não reconhecer meus próprios rastros sobre a neve e então pergunto: quem andou por aqui? Quem deixou essas pegadas? Acho que é um bom sinal não se reconhecer", diz a sra. Dusheiko que, em sua excentricidade, tem algo tanto de tola quanto de sábia. Talvez seja hora de nos estranharmos para que, quem sabe, possamos nos reconhecer.

REFERÊNCIAS

DERRIDA, Jacques. *O animal que logo sou (a seguir)*.
Tradução: Fábio Landa. São Paulo: Editora Unesp, 2002.

KOPENAWA, Davi & ALBERT, Bruce. *A queda do céu: palavras de um xamã yanomami*. Tradução: Beatriz Perroni-Moisés. São Paulo: Companhia das Letras, 2015.

KRENAK, Ailton. *Ideias para adiar o fim do mundo*. São Paulo: Companhia das Letras, 2020.

KUNDERA, Milan. *A insustentável leveza do ser*. Tradução: Tereza Bulhões de Carvalho. São Paulo: Companhia das Letras, 2008.

MACIEL, Maria Esther. *Literatura e animalidade*. Rio de Janeiro: Civilização Brasileira, 2016.

MORRISON, Toni. *A origem dos outros: seis ensaios sobre racismo e literatura*. Tradução: Fernanda Abreu. São Paulo: Companhia das Letras, 2019.

TOKARCZUK, Olga. *Sobre os ossos dos mortos*.
Tradução: Olga Baginska-Shinzato. São Paulo: Todavia, 2019.

ECOCRÍTICA E ANTROPOCENO

O caso de Per Johns

—

AURORA BERNARDINI

> "[...] ao lado da valorização do que é nosso, existe uma espécie de pudor, ou, no pior dos momentos, de repúdio daquilo que nos parece elaboradamente inteligente."
>
> Milton Vargas, *apud* Bernardini (2011)

Quando recebi a última carta de Per Johns, justamente um dos representantes daquilo a que Milton Vargas se refere como "elaboradamente inteligente", vi que algo já não estava bem:

> Tive em abril uma queda, (mais uma!) que me estraçalhou o cotovelo, [uma queda anterior ocorrera quando ele perscrutava o voo dos pássaros] e que demandou duas operações, que além do mais deixou-me meio idiota. Se não justifica meu longo silêncio, pelo menos o explica: meu pensamento corre mais rápido do que minha capacidade de articulá-lo.

De fato, Per Johns, nascido no Rio de Janeiro em 1922, filho de dinamarqueses, morreu sozinho, em abril de 2017, em dia incerto, em Teresópolis, na fazenda que herdara do pai, em parte da qual praticava agricultura orgânica, num casebre abandonado que havia outrora alugado ao jornalista e escritor Arnaldo Bloch, que queria se isolar do mundo para escrever e assim o descreve, em artigo publicado no jornal *O Globo*:

> Munido de um cajado, eu seguia o escritor por trilhas fechadas, enquanto ele dissecava espécies vegetais, explicava os aromas da relva, identificava os cantos dos pássaros. Cogitávamos sobre as origens e os fins, os caminhos da percepção, os "lugares onde moram os sonhos" e até que ponto os sonhos abarcam a vida, e não o oposto. Com a barba branca rente aos sulcos da face magra, era um profeta em transe ascético.

Nessas breves citações está a síntese de Jonhs: ecologista e mártir da ideia ecológica (parafraseando as palavras com que se referiram ao poeta Velímir Khlébnikov, que morreu de fome), profeta, poeta, escritor "elaboradamente inteligente" (talvez por isso pouco divulgado) e ecocrítico de nosso Antropoceno (leia-se: de nosso antropocentrismo devastador).

É dessa última característica que vou me ocupar brevemente agora, referindo-me a uma coletânea de dezessete palestras e apresentações em forma de ensaio que ele me confiou com o título rosiano de "Em busca do *quem das coisas*", para que eu as lesse antes de publicá-las (a coletânea, digitalizada, ainda continua inédita) e que seriam a continuação mais atual de seu livro premiado *Dioniso crucificado.* Vou acompanhar alguns dos ensaios mencionados, retirando deles trechos que configuram algo do pensamento crítico, mas jamais destrutivo, de Per Johns.

Sobre a ruptura entre cultura científica e cultura humanista, acentuada em nossos dias, escreve Johns citando o final de um dos contos do escritor Hans Christian Andersen que ele mesmo traduziu do dinamarquês:

> No chão ficou um galho florido da castanheira, que nem a água benta da Igreja conseguiu reanimar. Os pés humanos

logo o reduziram a uma massa informe no macadame. [...]
E a dríade (leia-se: a alma da castanheira) se fora como uma
nuvem no céu, mas, para onde, ninguém sabia!

E continua:

> Almas não se transplantam por força de um capricho huma-
> no. Não se decide por elas, sob pena de desbalancear-se os
> sensíveis pratos da vida. E o desequilíbrio nasce dessa com-
> pulsão de tornar o mundo mero instrumento ou de um saber
> mecânico ou de sua aplicação a qualquer desígnio indiscrimi-
> nadamente utilitário. Mas o espírito humano [...] é bifronte.

Outras questões defendidas por Johns são, por exemplo, a
importância da imaginação:

> Não obstante seu admirável esforço na montagem do imen-
> so painel de *A Study of History*, Arnold Toynbee teve plena
> consciência de que para tanto — mais do que de evidências
> fatuais, necessariamente limitadas — ele dependeu de uma
> ampla audácia imaginativa e intuitiva. Ciente de limitações
> que só um saber feito de experiência é capaz de admitir,
> Toynbee, num certo sentido, ultrapassou o escopo da histó-
> ria como tal para tornar-se um pensador da alma humana e
> do sentido da vida, essa inextricável e misteriosa trama de
> acaso, destino e caráter. E ao fazê-lo, admitiu que o fez — e só
> poderia fazê-lo — com audácia imaginativa e intuitiva. E aqui
> não será talvez preciso remontar a Vico, como o fez o ficcio-
> nista James Joyce, para admitir que "imaginação é memória".
> E que a intuição é sua irmã gêmea. Não se situam no vácuo,
> assim como nenhum sonho é sem fundamento; calcam-se
> numa racionalidade que se diria memorável. Ou seja, são a
> memória daquilo que foi esquecido.

Ou as diferentes faces da memória, ou seja, da história ("a memória e, portanto, a história que dela decorre, não depende

exclusivamente de fontes fidedignas. Pelo contrário, ela pode ser documentalmente verdadeira, mas existencialmente falsa"). Johns refere-se a um episódio quase esquecido da história da humanidade: a descoberta da existência de Troia, na Ásia Menor, e do lugar de onde partira expedição grega rumo a Troia, por Heinrich Schliemann, valendo-se dos relatos de Homero. Conta Johns que o pai de Schliemann, um severo pastor protestante, mostrou ao filho as ilustrações de um volume antigo em que havia a imagem de Eneias fugindo de Troia com o pai às costas e o filho pela mão. O menino Heinrich disse ao pai que "reconhecia" aquelas figuras, ou antes que se "lembrava" delas. Diz Johns:

> A história da vida de Schliemann é a história de uma memória vivente antes de se tornar arquivo, uma ilustração exemplar do quanto o *erindring* kierkegaardiano (a memória qualificada), envolto em seu mistério seminal, não só supera o *hukommelse*, ou a memória *stricto sensu*, como passa a ser o esteio de uma história que só na lenda e na epopeia subsistia. Ou seja, a única maneira de preencher os buracos negros que flanqueiam as informações documentais disponíveis.

E não só. Esse tipo de memória, além de prender-se ao que Jung chamou de "inconsciente coletivo", ainda está profeticamente ligado à habilidade que têm alguns sensitivos de recordar fases passadas da história humana. Mas não é preciso ir longe. Veja-se o que Johns diz de Daniel Munduruku:

> A seu modo, [ele] corrobora o pensamento de Giambattista Vico de que a vigorosíssima fantasia das crianças outra coisa não é senão memória ou dilatada ou compósita. Diz Daniel Munduruku: "Na tradição de minha gente, as crianças são ainda seres encantados vivendo a passagem entre os mundos. A elas é dada a participação em todas as ações de nossa comunidade para que se acostumem ao universo que viverão, sem que deixem de acreditar no mundo do qual saíram".

E, pois, não se trata de excluir. Trata-se de incluir essa inimaginável amplitude da memória, que engloba o passado e o futuro agora.

Há — reitera Johns — uma estreita ligação entre a possibilidade de salvar este planeta e a revivescência daquilo que se generalizava como "mito":

> A literatura [...] aprofunda-se, pelo menos, no paradoxo humano. E o faz por meio de estórias, fábulas, contos de fadas e mitos. Ou seja, ficções. É aí que se aprende um pouco sobre a mencionada defasagem entre discurso e ação. E sobre os estragos que o poder ocasiona nos indivíduos. E sobre o alcance insuspeito — mas frequentemente recusado — do *insight* ou intuição capaz de presentificar o invisível e trazer à consciência o mistério. E sobre o descolamento cada vez maior que se processa entre as pessoas e o meio que as vivifica. É provável que se aprenda mais nos contos de fadas de Andersen sobre os móveis ocultos — e que contrariam os discursos de intenções — do desconcerto ecológico de nossos dias do que em tratados científicos.

Sobre as imagens que "já vêm prontas" e prestam um desserviço à imaginação humana, especialmente à das crianças, diz Johns:

> Uma coisa é criar imagens que se tornam vivas na imaginação e outra, bem diferente, é enfastiar-se com imagens que nascem prontas, mas nascem mortas. Posto numa mesa de laboratório ou num tubo de ensaio, o mundo se torna inerte, não incorpora à visibilidade a memória ancestral que a Fantasia tangencia e a Imaginação recupera.

E mais, sempre pronto a reviver os *insights* do "velho" e do "novo mundo", o que Johns escreve permite ligar, por exemplo, a visão perspectivista do antropólogo brasileiro Eduardo Viveiros de Castro à visão quase mediúnica de Andersen, que, "no mundo animal, vê com olhos de gente e, no mundo humano, vê como bicho ou planta".

Na verdade, todas as páginas da coletânea poderiam ser citadas por tratarem de assuntos que nos falam de perto, com interpretações originais de Guimarães Rosa e Joyce, de Euclides da Cunha e os modernistas brasileiros, de Manuel Bandeira e Vilém Flusser, da arte da música, da tradução, do cinema, mas o espaço tem suas exigências, de modo que vamos dar um salto à última página, com a reprodução que ele mesmo faz de um trecho, desconsolado e renitente, de seu último romance *Hotéis à beira da noite*:

O motim
O comandante exige:
— Quero a equação do azul. A engrenagem do canto. A respiração dos cetáceos. O voo do besouro. A aritmética do carinho e a geometria do amor.
É demais para os broncos marinheiros, que se amotinam contra o despótico comandante e rumam na direção oposta. Retornam ao ponto onde tudo começou, anterior à divisão entre sábios (e ricos) e broncos (e pobres).
[...]
Ao queimar o barco que os trouxe, os amotinados se esqueceram de que levavam dentro deles, eles mesmos. E eles mesmos eram irredutíveis ao que se propunham. Insensivelmente voltaram a dividir por fora, com cercas de arame farpado, o sustento e a respiração. E a dividir-se, por dentro, em feudos e arengas.
Voltaram a ser o que sempre foram.

REFERÊNCIAS

BERNARDINI, Aurora. "Per Johns e Vicente Ferreira da Silva", *Sibila: Revista de Poesia e Crítica Literária*, 9 mar. 2011.
BLOCH, Arnaldo. "A casa devorada de Per Johns", *O Globo*, 23 jul. 2018.
JOHNS, Per. *Dioniso crucificado*. Rio de Janeiro: Topbooks, 2005.
_____. *Hotéis à beira da noite*. Belo Horizonte: Tessitura, 2010.

O TEMPO DA FICÇÃO E O FIM DOS TEMPOS

A morte é sempre uma ficção até que aconteça

—

NATALIA TIMERMAN

Enquanto escrevo este ensaio, os jornais noticiam o quadro de saúde irreversível do prefeito da minha cidade. Um homem jovem que, já sedado, vive, talvez sem consciência disso, seus últimos momentos sobre a Terra. Ele foi diagnosticado com um câncer grave há menos de dois anos, e seus opositores, na maior parte das vezes privadamente, se queixam do fato de ele, mesmo sabendo da chance de 95% de morte em pouco tempo, ter se candidatado à vitoriosa reeleição.

Eu o compreendo, ou ao menos tento compreender. Talvez ele achasse que um novo mandato de quatro anos lhe garantiria mais quatro anos de existência; talvez ele precisasse do planejamento concreto de um futuro que continuasse lhe pavimentando a vida, e assim quem sabe saísse vitorioso não só da reeleição, mas também do câncer.

Embaixo das manchetes da irreversibilidade de seu quadro, figuram já as notícias que continuam assolando nosso país, inserindo a iminência de sua morte num tempo em que ele já não está presente. Objetividade. Ser visto de fora, enquanto ele, que ainda respira, está rodeado pela família no leito de um hospital.

(O novo outdoor de um cigarro qualquer na praça Constitución no *Aleph* de Borges, sugerindo que, na manhã da morte de Beatriz Viterbo, o incessante e vasto universo já se afastava dela, demarcando a primeira de uma série infinita de mudanças.)

A morte, embora concreta, embora factual, embora real, é sempre uma ficção até que aconteça. Sabemos da nossa própria morte e da morte de nossas pessoas amadas, mas ao mesmo tempo não podemos saber, verdade que nos escapa no mesmo instante em que a conseguimos vislumbrar. Até que estejamos diante dela, inegável, sob a forma de uma respiração que hesita por baixo de um lençol branco, recém-trocado, ainda com as marcas das dobras que o igualavam a todos os outros lençóis da pilha no carrinho de distribuição das roupas de cama do hospital.

Perto da morte, dessa respiração que hesita, quando conseguimos enfim deixar de reparar no lençol, ou mesmo no absurdo de suas dobras, o tempo se abre. Como escreve Rosa Montero, apenas em nascimentos e mortes é que saímos do tempo. "Quando uma criança nasce ou uma pessoa morre, o presente se parte ao meio e nos permite espiar durante um instante pela fresta de verdade — monumental, ardente e impassível". Desfaz-se a ficção de eternidade na qual nos assentamos, na qual precisamos nos assentar cotidianamente. Ou, como disse Lucia Berlin, a morte rasga o calendário, a reconfortante agitação do tempo é estilhaçada, e, quando você volta à vida normal, todas as rotinas, todos os marcos do dia ficam parecendo mentiras sem sentido, como quando não conseguimos acreditar num romance que deixa excessivamente à mostra seu artifício.

Não é à toa que, perto da morte do meu pai, foi lendo literatura, lendo ficção, que pude elaborar essa transfiguração do tempo. Essa devolução do tempo à sua própria matéria, inumana, humana, o encontro entre a existência e a ausência de mulheres e homens no mundo.

A ficção, assim como o ser humano, é fundada e fundamentada no fim.

— • —

Frank Kermode, em *The Sense of an Ending*, livro ensaístico composto por algumas conferências proferidas pelo autor, sustenta que as ficções satisfazem nossa necessidade de fim e começo. Lançados no meio do mundo, no meio de um tempo cuja origem e término não conseguimos alcançar a olho nu nem com o auxílio de qualquer aparato ou teoria científica, resta-nos inventá-los — e o fazemos o tempo todo. Mais: é inventando constantemente começos e fins que habitamos o tempo; que inventamos também o único tempo que pode ser nosso. Martin Heidegger, em *Ser e tempo*, nos afirma regidos pelo que ele chama de impessoal, o estarmos sob a tutela de um outro que é ninguém. "Todo mundo é outro e ninguém é si próprio", ele diz, sem tom pejorativo algum, apenas assinalando nosso modo cotidiano de existir. Esse outro que somos no dia a dia, se não é sustentado pelas nossas ficções, é constituído por elas mesmas. É por isso que me apresso para o trabalho, que conserto o telhado, que me visto mais ou menos segundo um gosto coletivo que se chama de moda: ficções que precisam ocultar e sustentar aquela verdade de que somos-para-a-morte. O ser humano, segundo Heidegger, "não possui um fim em que ele simplesmente cessaria. Ele *existe finitamente*".

Kermode, logo no início da primeira conferência, menciona um pássaro dourado que, num poema de Yeats, desperta a atenção de um imperador modorrento ao cantar sobre o tempo passado e o vindouro. Para fazê-lo, o pássaro tinha que estar "fora da natureza", sendo humanamente representado por um pássaro artificial. O sentido, que só pode ser oferecido pela dimensão do tempo — qualquer sentido —, é necessariamente humano: qualquer coerência que vemos na natureza já é nossa, modulada pela nossa necessidade de vê-la.

Kermode segue: não faz muita diferença se acreditamos que o mundo tenha seis mil ou cinquenta bilhões de anos, se pensamos que o mundo tenha um ponto-final ou seja eterno: em qualquer um dos casos, continua havendo a necessidade de falar humanamente da importância de uma vida com relação a isso — a necessidade, no momento da existência, de pertencer, de se relacionar a um começo e a um fim.

Ele promete abordar, ao longo de sua fala, não apenas a persistência das ficções ao longo dos tempos, mas também sua verdade, seu declínio e a crescente suspeita em relação a elas. "Mas parece que ainda precisamos delas", ele diz. "Nossa pobreza — emprestando o rico conceito de Wallace Stevens — é grande o suficiente, em um mundo que não é nosso." Parece então que as ficções existem, são necessárias para nós, *justamente porque o mundo em que vivemos não é nosso*.

Kermode segue a conferência abordando as ficções sobre o fim, ou seja, as diversas versões do Apocalipse ao longo da história da literatura — pois é só através da literatura, da palavra escrita, que temos notícia de como os antigos concebiam o fim dos tempos. E seguiam concebendo-o mesmo quando as previsões eram negadas pela continuidade do mundo depois de cada data estipulada para seu término: o Apocalipse, ele diz, pode ser desconfirmado mesmo sem perder a credibilidade, e talvez sua resiliência seja proporcional à necessidade que temos, como humanidade, de um conceito como esse. A ideia de fim, bem como a de começo, nos ampara em nossa falta constitutiva de sentido; elabora, a cada instante, o que Heidegger chama de nosso existir finitamente.

As conferências de Kermode que originaram *The Sense of an Ending*, intituladas "The Long Perspectives", foram proferidas em 1965, duas décadas depois do fim da Segunda Guerra Mundial. Ali, diante da plateia, ele colocou que, embora o Fim tenha perdido sua iminência ingênua, sua sombra continuava nas crises de nossas ficções: poderíamos então falar dele como imanente. Kermode provavelmente se referia à crise do romance, vigente e crescente desde o início do século XX, que acompanha a crise da humanidade aguçada ou instaurada pelas duas Grandes Guerras e todo o questionamento ético, filosófico e existencial que ali se fundou, cujo cerne talvez seja a incongruência entre evolução tecnológica e evolução humana.

Passado meio século das conferências de Kermode, parecemos vislumbrar, num futuro não muito distante, um novo tipo de Apocalipse, convergência das escolhas que fizemos e continuamos fazendo como sociedade capitalista em um mundo que, enfim, por limitado, continua nos provando que não é de fato nosso. O fim, então imanente, pode ser que esteja mais uma vez iminente; seria mais uma das ficções apocalípticas que, ao longo da história da humanidade, inventamos à guisa de sentido? Se a resposta a essa pergunta for negativa, como tem se provado ser, se as previsões científicas estiverem corretas, como parecem estar, estamos, de fato, a caminho de um planeta inabitável pelo ser humano; e aí a verdadeira iminência do fim nos faz questionar o fundamento da ficção: a humanidade posta como o próprio centro.

— • —

No dia do enterro de meu pai, depois do cemitério, almoçamos em sua casa. Ele, assim como deve ocorrer com o prefeito da minha cidade, faleceu no hospital; no mesmo hospital, aliás, talvez no mesmo andar, na mesma ala, destinada aos cuidados paliativos, quem sabe no mesmo quarto, coberto por um lençol diferente dobrado da mesma forma.

A última internação do meu pai não foi longa, durou apenas cinco dias, em nada suficientes para que a presença dele em sua própria casa já estivesse extinta quando chegamos lá na saída do cemitério onde enterramos seu corpo. O sapato no canto do banheiro, os remédios; o cheiro, as contas a pagar; as marcas no lugar em que ele sempre se sentava no sofá; os livros.

Eu levei um verdadeiro susto ao me deparar com sua pilha de livros na mesa de cabeceira, do lado da cama onde, nas últimas semanas, ele alternava gemidos de dor com o sono profundo oferecido pela morfina. Talvez tenha sido ali, naquele momento, que eu tenha me apercebido da interrupção definitiva do futuro do meu pai. Aqueles seriam seus próximos livros: aquelas seriam as páginas que habitariam seu futuro, sobre as quais seus olhos pousariam, caso tivessem continuado a existir. Alguns dos livros ainda estavam na sacola, junto da nota de compra, intocados.

Exatamente aí, me dei conta de algo que eu, como todo mundo, sempre soube sem saber. Eu também não vou ler todos os livros que quero: nem sequer todos os livros que há na minha casa eu terei tempo de vida para ler.

Eu, assim como meu pai, assim como todos os homens e mulheres que já estiveram, estão e estarão sobre a Terra, vou morrer.

Também apoiado na mesa de cabeceira, o relógio de meu pai, vazio de seu pulso, funcionando sem ele.

Em uma das passagens mais bonitas de *The Sense of an Ending*, Kermode usa, como exemplo de ficções compartilhadas acerca do tempo, o som de um relógio de ponteiros. Concordamos que o relógio diz tique-taque, uma ficção que o humaniza, o faz falar nossa língua. Somos nós que provemos a diferença ficcional entre tique e taque, nossas palavras para um começo e um fim, e o que lhes permite ser diferentes é, segundo ele, um tipo especial de meio. "Percebemos uma duração somente quando organizada. [...] O fato de que chamamos o segundo dos sons relacionados de toc [em inglês, a onomatopeia se escreve *ticktock*] evidencia que usamos ficções para que o fim confira organização e forma à estrutura temporal." O intervalo entre tic e toc, continua Kermode, está agora repleto de significativa duração, configurando um enredo, ou seja, uma organização que humaniza o tempo dando-lhe forma. O intervalo entre toc e tic, por sua vez, representa, segundo ele, o tempo meramente sucessivo e desorganizado. Tic seria um gênesis humilde; toc, um débil apocalipse.

Em "Como (não) terminar com o fim dos tempos", sexta conferência sobre a natureza no Antropoceno em *Diante de Gaia*, Bruno Latour procura compreender o motivo de, mesmo diante das evidências de uma mutação ecológica catastrófica, ficarmos "impassíveis, indiferentes, desiludidos, como se, no fundo, nada mais pudesse ocorrer conosco". Como ilustração dessa atitude, cito o depoimento do escritor Karl Ove Knausgård ao periódico *The Guardian* em 2015. Segundo a matéria, a crise climática seria a única questão mais importante de nosso tempo, e o sentimento de desamparo do autor face à destruição ambiental o teria feito "apenas virar o rosto e tentar pensar em outra coisa". Ele se refere à postura anterior à que teve contra a exploração do petróleo ártico pela Noruega, ameaça que o mobilizou a se manifestar, organizar petições e processos contra o governo em nome da salvaguarda do meio ambiente para as gerações futuras.

Conheço bem Karl Ove Knausgård, conheço-o melhor do que muitos dos contatos de minha agenda telefônica, ou ao menos tenho a impressão de o conhecer depois de ler os seis volumes de sua minuciosa série autobiográfica *Minha luta*. Ali, ele detalha a insignificância de seu cotidiano logo após fazer reflexões profundas, expõe suas fraquezas e as de seus conhecidos e familiares, procura, ao que parece, narrar a vida como ela é. Diante da reportagem do *Guardian*, vislumbro um personagem que sai de dentro do livro e age como se o mundo fosse suas páginas.

A reação inicial de Knausgård face à crise climática, virar o rosto e pensar em outra coisa, parece ser a regra. Assevera Latour: "Reagimos em bloco diante do menor atentado terrorista, mas saber que somos o agente da sexta extinção das esferas terrestres não desperta nada mais do que um bocejo desalentado". Como se, coletivamente, tivéssemos também que esconder de nós mesmos, no cotidiano, no caminho em direção a um futuro que dessa vez talvez não chegue, a nossa finitude.

Um dos aforismos de Franz Kafka, o vigésimo, diz o seguinte: "Leopardos irrompem no templo e bebem até o fim os jarros de sacrifício; isso se repete sempre, sem interrupção; finalmente, pode-se contar de antemão com esse ato e ele se transforma em parte da cerimônia".

Kermode — novamente ele — propõe a distinção entre mitos e ficções, partindo de que ficções podem se degenerar em mitos sempre que não se sustentem conscientemente como fictícias. "Os mitos operam segundo os diagramas do ritual", como "sequência de gestos radicalmente imutáveis"; as "ficções servem para descobrir as coisas, já que se modificam conforme as necessidades de fazer sentido mudam". Se pensarmos o aforismo de Kafka segundo essa diferenciação, a irrupção dos leopardos poderia ser o elemento ficcional que, no entanto, se degenera em mito ao se transformar em parte da cerimônia. Continua Kermode: "Mitos são agentes de estabilidade; ficções, agentes de mudança".

Talvez o Apocalipse, justo face à sua verdadeira iminência, tenha, de ficção que era, se degenerado em mito. "Assim que falamos sobre as mutações ecológicas com certa seriedade, sem sequer levantar a voz, somos imediatamente acusados de sustentar um 'discurso apocalíptico'", afirma Latour.

Na sexta de suas oito conferências sobre a natureza no Antropoceno, Bruno Latour faz um caminho de pensamento que busca compreender como a Modernidade, em sua tentativa constante de supressão da incerteza, acaba por operar segundo os mesmos moldes que critica na religião, mas com pelo menos uma diferença significativa: a transcendência é substituída pela imanência (mesmo termo usado por Kermode). Assumindo-se como ponto de chegada, a Modernidade se colocaria fora da historicidade: estaríamos depois do Apocalipse, ou seja, depois do fim: "foram invertidas as relações entre o fim dos tempos e a finitude do tempo"; "os fins não são mais o que esperamos, e sim o que possuímos — o que, é claro, inevitavelmente vai nos trair". A mudança de paradigma que poderia nos salvar da catástrofe climática seria, segundo ele, "sustentar, para sempre, um discurso apocalíptico *no tempo presente*". Resgatar o tempo da finitude, da mortalidade.

Alguns dos termos usados por Latour me chamam a atenção. Ele diz que nós, os modernos, vivemos numa "situação pouco verossímil, mas muito real"; ele diz que, para nos sensibilizarmos e nos responsabilizarmos perante a crise climática, deveríamos "nos posicionar *como se estivéssemos* no fim dos tempos" grifo do autor). Ora, "como se" é a própria ficção. Precisamos tornar o fim verossímil novamente, o que é algo que só a ficção pode fazer. As ficções, esses agentes de mudança, que talvez possam regenerar o mito do Apocalipse novamente em si mesmas para que, assim, verossímil, iminente, o Fim possa continuar longe, mais uma vez desconfirmado.

— • —

No tempo entre o início e o fim da escrita deste ensaio, o prefeito da minha cidade faleceu.

O relógio de pulso do meu pai está parado, sem bateria, há não sei quanto tempo.

Finitude. Mortalidade.

Ainda assim, ou justamente por isso, a ficção talvez possa nos salvar de nós mesmos.

REFERÊNCIAS

BERLIN, Lucia. *Manual da faxineira*. Tradução: Sonia Moreira. São Paulo: Companhia das Letras, 2017.

BORGES, Jorge Luis. *O Aleph*, Obras completas I. Tradução: Josely Vianna Baptista, Maria Rosinda Ramos da Silva e Sérgio Molina. São Paulo: Globo Livros, 2000, pp. 686-98.

HEIDEGGER, Martin. *Ser e tempo*. Tradução: Marcia Sá Cavalcante Schuback. Petrópolis: Vozes, 2005.

KERMODE, Frank. *The Sense of an Ending: Studies in the Theory of Fiction*. Nova York: Oxford University Press, 2000.

LATOUR, Bruno. *Diante de Gaia. Oito conferências sobre a natureza no Antropoceno*. Tradução: Maryalua Meyer. São Paulo: Ubu, 2020.

MONTERO, Rosa. *A ridícula ideia de nunca mais te ver*. Tradução: Mariana Sanchez. São Paulo: Todavia, 2019.

SOBRE OS AUTORES

ANA RÜSCHE é escritora, professora e pesquisadora de literatura. Doutora em Letras pela Universidade de São Paulo, realiza pesquisa de pós-doutorado sobre ficção científica e mudança climática nessa mesma instituição. Seu livro mais recente é *A telepatia são os outros* (Monomito, 2019), vencedor do Prêmio Odisseia de Literatura Fantástica e finalista dos prêmios Argos e Jabuti.

AURORA BERNARDINI é escritora, tradutora literária e professora titular de Literatura na Universidade de São Paulo. Mestre em Língua e Literatura Italiana e doutora em Literatura Brasileira por essa mesma instituição. É autora de *Aulas de literatura russa: de Púchskin e Gorenstein* (Kalinka, 2018), entre outros títulos.

CHRISTIAN DUNKER é escritor, psicanalista e professor titular de Psicologia Clínica na Universidade de São Paulo.

Mestre e doutor em Psicologia pela Universidade de São Paulo, realizou pesquisa de pós-doutorado na Universidade de Manchester. É autor de *Estrutura e constituição na clínica psicanalítica* (Annablume, 2011), vencedor do Prêmio Jabuti, entre outros títulos.

DANIEL MUNDURUKU é escritor e professor. Mestre e doutor em Educação pela Universidade de São Paulo, realizou pesquisa de pós-doutorado em Linguística pela Universidade Federal de São Carlos. É autor de mais de 50 títulos de literatura infantojuvenil, tendo sido premiado com o Prêmio Jabuti por *Vozes ancestrais* (FTD, 2017), entre outros.

FABIANE SECCHES é crítica literária, psicanalista, professora e pesquisadora de literatura. Mestre em Teoria Literária e Literatura Comparada pela Universidade de São Paulo, é doutoranda nessa mesma instituição. É autora do livro *Elena Ferrante, uma longa experiência de ausência* (Claraboia, 2020).

GIOVANA MADALOSSO é escritora e roteirista. É formada em Jornalismo pela Universidade Federal do Paraná, com graduação também em Roteiro pela Universidade de Nova York. É autora de *A teta racional* (Grua, 2016), finalista do Prêmio da Fundação Biblioteca Nacional, *Tudo pode ser roubado* (Todavia, 2018), finalista do Prêmio São Paulo de Literatura, e *Suíte Tóquio* (Todavia, 2020), entre outros textos.

ITAMAR VIEIRA JUNIOR é escritor e geógrafo. Mestre em Geografia pela Universidade Federal da Bahia e doutor em

Estudos Étnicos e Africanos por essa mesma instituição. É autor de *Torto arado* (Todavia, 2020), vencedor do Prêmio Leya, do Prêmio Jabuti e do Prêmio Oceanos, entre outros títulos. É colunista da *Folha de S.Paulo*.

MARIA ESTHER MACIEL é escritora, pesquisadora e professora titular de Literatura da Universidade Federal de Minas Gerais. Doutora em Literatura Comparada pela mesma instituição, realizou pós-doutorado em Literatura e Cinema pela Universidade de Londres e em Literatura Comparada pela Universidade de São Paulo. Atualmente, é professora colaboradora da Pós-Graduação em História e Teoria Literária na Universidade Estadual de Campinas. Publicou, entre outros, os livros *Literatura e animalidade* (Civilização Brasileira, 2016) e *Pequena enciclopédia de seres comuns* (Todavia, 2021).

MICHELINY VERUNSCHK é escritora, crítica literária e historiadora. Mestre em Literatura e Crítica Literária pela Pontifícia Universidade Católica e doutora em Comunicação e Semiótica por essa mesma instituição. É autora de *Nossa Teresa: vida e morte de uma santa suicida* (Patuá, 2014), vencedor do Prêmio São Paulo de Literatura, e de *O som do rugido da onça* (Companhia das Letras, 2021), entre outros títulos.

NATALIA TIMERMAN é psiquiatra, psicoterapeuta, escritora e pesquisadora de literatura. Mestre em Psicologia Clínica pela Universidade de São Paulo, é doutoranda em Teoria Literária e Literatura Comparada por essa mesma instituição. É autora de *Desterros* (Elefante, 2017), *Rachaduras* (Quelônio, 2019), finalista do Prêmio Jabuti, e *Copo vazio* (Todavia, 2021).

PAULA CARVALHO é historiadora, jornalista e editora da revista *Quatro Cinco Um*. Mestre em História pela Universidade Federal de São Paulo e doutora em História pela Universidade Federal Fluminense, vai lançar o seu primeiro livro sobre a viajante suíça Isabelle Eberhardt (1877-1904) pela editora Fósforo. É colaboradora do blog da editora Tabla.

PAULO SCOTT é escritor, mestre em Direito Público pela Universidade Federal do Rio Grande do Sul e doutorando em Psicologia pela Universidade Federal Fluminense. É autor do livro *Direito antifascismo brasileiro* (no prelo), entre outros.

TULIO CUSTÓDIO é sociólogo e curador de conhecimento. Mestre em Sociologia pela Universidade de São Paulo, é doutorando nessa mesma instituição. Colabora com diversos veículos sobre temas como trabalho, questões raciais e masculinidades.